Fernando Martinez Maciel

Los Constructores de la Gran Tenochtitlan

Fernando Martinez Maciel

Los Constructores de la Gran Tenochtitlan

Fueron realmente los Aztecas los constructores de la Gran Ciudad?

JustFiction Edition

Imprint

Cover image: www.ingimage.com

Publisher:
JustFiction! Edition
is a trademark of
Dodo Books Indian Ocean Ltd. and OmniScriptum S.R.L publishing group

120 High Road, East Finchley, London, N2 9ED, United Kingdom
Str. Armeneasca 28/1, office 1, Chisinau MD-2012, Republic of Moldova, Europe
Printed at: see last page
ISBN: 978-620-6-74190-9

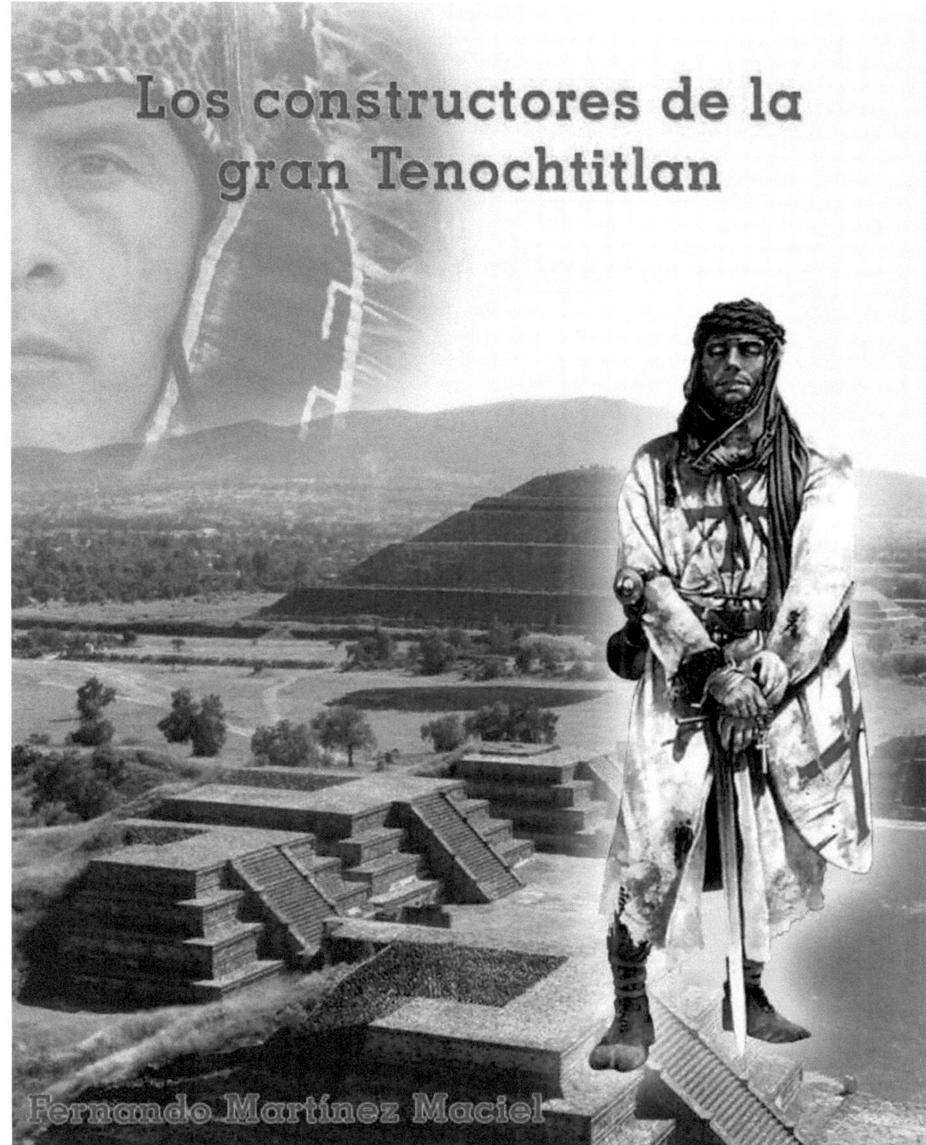
Los constructores de la gran Tenochtitlan
Fernando Martínez Maciel

Fernando Martínez Maciel

Los constructores de la Gran Tenochtitlán

A mi amada familia

Bety, Japhet y Nany

Que son mi fuente de inspiración.

A Nefi David

Donde quiera que te encuentres.

Prólogo.

He dejado mi puerto y he partido en mi nave en busca del tesoro templario, dicho tesoro se encuentra ahí resguardado bajo el manto de la ignorancia, no es necesario cavar para obtenerlo, basta tener la voluntad para entenderlo y colmarse de la sapiencia de los antiguos guerreros, las claves para llegar a él son la simbología antigua, algunas veces gnóstica, arquitectónica, alquímica, astronómica, matemática, y otras cristiana, el tesoro está ahí, esperando a que lo encuentres y lo descubras y te enriquezcas con el gran contenido cultural de un pasado desconocido para muchos, y oculto para otros que lo entienden.

En esta fantástica e increíble obra, viajaremos al paso, a la época de las legendarias historias y leyendas de los guerreros más poderosos de la historia.

Los Caballeros Templarios, una orden creada, según los historiadores, para proteger a los peregrinos cristianos que viajaban a la antigua Jerusalén, profundizaremos bastamente desde su creación, administración de sus tesoros, sus batallas, su captura, tortura y muerte del Gran Maestre Jackes de Molay, así como la huida a Escocia de todo el Gremio Templario sobreviviente y su posible viaje al continente americano.

Sabremos de las evidencias encontradas en la ciudad que construyeron en México, en esta obra incluimos la evidencia arqueológica y la posibilidad de descubrir la ubicación de su tesoro codiciado por muchos y finalmente descubriremos quienes son en la actualidad estos tan valientes hombres que han heredado su ciencia, su virtud, sus tradiciones, conocimientos, rituales y poder.

En esta fantástica investigación hablaremos en cada capítulo parte de las culturas e historia que se relaciona con la simbología y la relación con los Caballeros Templarios y las culturas del antiguo territorio mexicano.

Adentrémonos en tan fantástica historia, que seguro estoy, quedaran al borde de la silla, por increíble que parezca esta investigación.

Fernando Martínez Maciel.

Índice.

Capítulo 1

El encuentro.

Sábado, último día del mes de Mayo de 1518.

El capellán del navío del capitán Juan de Grijalva de la armada del Rey relata emocionado;

-Se ha descubierto otra isla llamada Ulúa, en la que ha hallado gentes que andan vestidas de ropas de algodón; que tienen harta policía, habitan en casas de piedra, y tienen sus leyes y ordenanzas, y lugares públicos, diputados y administración de justicia: Adoran a una cruz de mármol, blanca y grande, que encima tiene una corona de oro; y dice que en ella murió uno que es más lucido y resplandeciente que el sol. Es gente muy ingeniosa, y se advierte su ingenio en algunos vasos de oro y en muy primas mantas de algodón con figuras tejidas, de pájaros y animales de varias suertes; cuyas cosas dieron los habitantes de la dicha isla al capitán quien luego mando buena parte de ella al Rey Católico; y todos comúnmente las han tenido por obras de mucho ingenio. Y es de saberse que todos los indios de la dicha isla están circuncidados; por donde se sospecha que cerca se encuentran moros y judíos pues afirmaban los dichos indios que allí cerca había gentes que usaban naves, vestidos y armas como los españoles; que una canoa iba a diez días a donde están, y que puede ser viaje de una trescientas millas.

No quiero pasar por alto que trajeron entre otros regalos un libro de tela enrollado en el que una vez extendido, vimos signos semejantes a los arábigos y caldeos, que dicen de las indias, pero sin embargo, pudo saberse que ni ellos mismos pudieron dar razón de aquellos signos. [1]

Sabemos de antemano que existen infinitas evidencias de migrantes, nórdicos, asiáticos, europeos árabes etc. a nuestro continente, pero parece increíble y más extraño que los árabes, moros y judíos pisaran tierras americanas mucho antes que los españoles, y surgen una gran diversidad de preguntas, pero la que más nos lleva a cuestionar es acerca de los vestigios arqueológicos y tallados en petroglifos, las evidencias simbólicas de dichas culturas. Quizá debamos aventurarnos en una investigación profunda de una de las muchas posibilidades existentes de los primeros visitantes a nuestro continente americano, muy especialmente México, para poder así desmembrar tan interesante tema, y podamos entender el uso de la simbología, en las culturas Aztecas.

Para ello debemos remontarnos a los ancestrales antecedentes de los primeros navegantes y cartógrafos e iniciadores del arte de la navegación de la cual se tiene referencia.

Para encontrar la respuesta realizaremos una gran aventura y una ardua investigación que data de año 540-615 D.C.

1. Extracto del Itinerario de la armada del Rey Católico a la isla de Yucatán, en la india, el año de 1518, en la que fue por comandante y capitán general Juan de Grijalva. Escrito para su Alteza por el capellán mayor de la dicha armada Venecia, Zorzi de Rusconi, Marzo 3 de 1520.

Árabes musulmanes marinos, Año 1130 D.C.

Cuenta la Historia que los musulmanes fueron grandes marinos comerciantes, mercaderes y exploradores cuyos viajes se sumaron al bagaje de conocimiento geográfico. Tan grande era su sabiduría y su reputación sobre la cartografía y navegación, que en el siglo XI el Rey Roger de Sicilia decidió conocer el mundo, para esto estaba completamente convencido que tenía que asesorarse con un musulmán.

Y fue a Abu Abdullah Muhammad o Ibn Idris Al-Hammudi Al-Hasani, o simplemente Al-Idrisi (1100 - 1166) que nació en Marruecos. Al estudioso musulmán, Roger le confió la tarea de crear un atlas para navegación, Idrisi siendo hijo de una familia noble que afirmaba ser descendiente directo del Profeta Muhammad y Educado en Córdoba, Idris era un poeta, estudiante de medicina y un viajero ávido, Viajó ampliamente, visitando las Islas Canarias, la "España" musulmana, África del Norte, y la región que es Turquía actualmente.

En aquellos días Sicilia era en particular una tierra de reunión de musulmanes y las civilizaciones cristianas. La isla había estado bajo el dominio musulmán hasta finales del siglo XI. Al igual que la España musulmana, era un país de prosperidad para una Europa cristiana latina atrapada en la ralentizada economía e intelectualidad que llamamos la Era Oscura. En Sicilia los árabes construyeron diques, sistemas de irrigación, depósitos y torres de agua, se introdujeron nuevas cosechas naranjas y limones, algodón, palmeras datileras, arroz e hizo buen uso de las minas de la isla y los terrenos de pesca.

Al principio del siglo XI, una banda de aventureros Normandos, había cabalgado hacia el sur de Italia para arrebatársela a los griegos bizantinos y sus aliados los musulmanes, y en 1101 d.c. el Conde Normando Roger mejoró su carrera conquistando Sicilia.

Cuatro años después pasó el territorio a su hijo, coronándolo Rey Roger II.

Roger II fué educado por griegos y tutores árabes, era un intelectual con un gran aprecio por su alto conocimiento y destreza científica, y saboreó la compañía de eruditos musulmanes de quienes Al-Idrisi era uno de los más celebrados. Al-Idrisi, con previa invitación de Roger II, finalmente se estableció en Sicilia dónde fué contratado por el Rey Normando para escribir una geografía sistemática del mundo. El resultado fue Kitab Ar-Rujari (Roger's Book). El libro de Roger II titulado "Recreo de quien quiera andar por la tierra" del cual hoy en día existen 7 ejemplares en el planeta y que muestra el mundo dividido en siete regiones, este ejemplar da las distancias entre las ciudades mayores, y describe las costumbres, las personas, productos, y clima del mundo entero conocido hoy en día. También la obra recoge el viaje de un marinero marroquí que navegó por el Océano Atlántico durante más de 30 días y volvió para contar sobre una rica tierra habitada.

¿Podría ésta haber sido las Américas?, Existen antecedentes de que Roger II junto con Al-Idrisi crearon una escuela de navegación en Sicilia, esta estaba aislada del Vaticano por el mar y la flota, se dice que esta contaba con los mejores cartógrafos como asesores con descendencia Judía e Islámica, así mismo grabó y esculpió su información del mundo conocido sobre dos discos, a los cuales bautizó con el nombre de disco celeste y disco terrestre simulando un mapa en su forma, estos fabricados en plata pura. Cada gran disco, de casi 80 pulgadas de diámetro pesaba más de 300 libras (unos 150 kgrs), la plata con los que los fabricaron fue escogida por su maleabilidad y durabilidad. Al-Idrisi explicó que los discos meramente simbolizaban la forma del mundo: "La tierra es redonda como una esfera, y las aguas se adhieren a él y se mantienen en él a través de un equilibrio natural que no sufre ninguna variación", todas las criaturas son estables en la superficie de la tierra, el aire atrae lo que es ligero, la tierra lo que es pesado, como un imán que atrae el hierro".

Esferas Celeste y Terrestre sobre las columnas B y J de una logia Masónica.

Usando estos mapas, Al-Idrisi mostró que la tierra era redonda (Por otra parte, otros estudiosos musulmanes habían calculado la circunferencia de la tierra) más de tres siglos antes que Colón.

En 1160, los barones Sicilianos se rebelaron contra el hijo del Rey Roger, y durante los desórdenes el palacio fué saqueado y en medio de un gran fuego se quemo una gran parte de los archivos, libros y documentos, incluida una nueva edición latina del Libro de Roger que Al-Idrisi había preparado. Al mismo tiempo, el disco con el mapa de plata y la esfera celestial desaparecieron, al parecer cortado y fundido. Ya que los barones habían atacado a los musulmanes de Sicilia con particular ferocidad, Al-Idrisi huyó a África del Norte donde seis años después murió. Sin embargo, trajo consigo el texto árabe con él cual se mantuvo vivo ganando extensa fama y sirviendo como modelo para los geógrafos musulmanes e historiadores durante los siguientes siglos. Esto le proporcionó prácticamente todos sus conocimientos geográficos al gran historiador musulmán Ibn Khaldun. Aunque el texto árabe del Libro de Roger II se publicó en Roma por la prensa de Medici en 1592, no estuvo de nuevo disponible a los europeos en latín hasta el siglo 17, por esa razón en los años 1400 por consiguiente, Cristóbal Colón tenía que confiar en otras fuentes de información, usando un globo preparado por un cartógrafo alemán llamado Martín Behaim, basado en cálculos erróneos de Ptolomeo, Colón también agregó las distancias estimadas igualmente erróneas de Marco Polo y concluyó, incorrectamente, que navegando hacia el oeste desde España él podría localizar Japón o India después de un viaje de no más de 4.000 millas. Es un dato curioso que si Colón hubiera sido consciente de la verdadera distancia, de las estimaciones de Al-Idrisi, su traslado al continente Americano habría sido más corto.

Evidencias de Musulmanes en el "Nuevo Mundo" antes que Cristóbal Colón

Al-Masudi en su Muruj adh-Dhahab (938 D.C.), cuenta sobre Khashkhash Ibn Saeed Ibn Aswad que cruzó el Océano Atlántico y volvió en el año 889 D.C.: "Él era un hombre joven de Córdoba que reunió un grupo de hombres jóvenes y realizaron un viaje en este océano. Después de un largo tiempo él volvió con un botín fabuloso. Hoy en día cada español musulmán andaluz sabe esta historia".

Abu Bakr Ibn Umar Al-Qutiyya relaciona la historia de Ibn Farrukh que atraco su embarcación en febrero de 999 d.c. en Gando (Islas Canarias), visitó al Rey Guanariga, continuando su viaje hacia el Oeste hasta que encontrara las islas que él llamó Capraria y Pluitana y volvió a Al-Andalus en mayo. Al-Idrisi en su extensa Geografía, en el siglo XII, informó del viaje de marineros norafricanos que localizaron las Américas. Al-Idrisi escribió:

Cartógrafos árabes del Al Andalus

"Un grupo de marineros navegó por el mar de la Oscuridad y la Niebla (el Océano Atlántico) desde Lisboa para descubrir lo que había en él y la extensión de su límite. Fueron un grupo de ocho y ellos tomaron un barco que fué cargado con suministros que durasen meses.

Finalmente llegaron a una isla en la que habitaban personas y trabajaban arduamente el cultivo, pero estos fueron capturados y encadenados durante tres días. Se dice que en el cuarto día un traductor vino a ellos hablándoles el idioma árabe, Él tradujo para el Rey y les preguntó por su misión. Ellos le informaron sobre su llegada a la isla, y luego volvieron a su encierro. Cuando el viento del oeste empezó a soplar, fueron introducidos en una canoa, vendados de los ojos y traídos a tierra después de tres días de navegación, estos fueron abandonados en la orilla con las manos atadas a sus espaldas, sin embargo al día siguiente, otra tribu apareció liberándoles e informándoles que entre ellos y sus tierras había un viaje de dos meses".

Este informe histórico asombroso no sólo describe el contacto claramente entre marineros musulmanes y los indígenas de las islas caribeñas, sino que confirma el hecho de que el contacto entre los dos mundos había estado tan involucrado que las personas nativas contaban entre sus pobladores con árabe-parlantes.

Descubrimiento de América y presencia de los musulmanes

Existen documentos históricos que prueban que, desde 1492 hasta principios del siglo XVII, una población de más de 500.000 judíos y musulmanes fué expulsada de España y Portugal por medio de la "caza de brujas" conocida como Inquisición Española.

Cientos de miles de musulmanes escaparon a la tierra de sus antepasados: Marruecos, Argelia, Libia, y Túnez. Incluso, los famosos "piratas de la Berbería" que desarrollaron su actividad en el Norte de África, surgieron de esta migración. Ellos, junto a los turcos, fueron conocidos por sus proezas en el mar, al mismo tiempo que por el intenso hostigamiento que realizaron contra españoles y portugueses en el Mar Mediterráneo. Por supuesto, no siempre ganaban: estos piratas, bastante desdichados por su destino apátrida, solían acabar sus días como esclavos en las galeras, remando al son de los negreros bajo las cubiertas de los barcos españoles o portugueses que viajaban hacia Nueva York. Irónicamente, acabaron de nuevo como esclavos de los cristianos.

Otros musulmanes, moriscos y beréberes exiliados, se dirigieron hacia las Islas Canarias, India, Francia, y otros países. Y curiosamente, donde sea que acabaran su exilio estos musulmanes, se identificaron como portugueses aunque su origen fuera español. Incluso, el término 'portugués' casi llegó a ser sinónimo de musulmán o judío exiliado a causa de la Inquisición.

Finalmente, a medida que la Inquisición aumentaba su poder y severidad, una mayoría de musulmanes y judíos cristianizados fueron prácticamente relegados al destierro. Estos 'conversos', nombre dado a los musulmanes y judíos que habían aceptado la religión católica y los cuales eran llamados "Mozárabes" mismos que abordaremos profundamente en el tema del siguiente capítulo, estos mozárabes resultaban peligrosos para la Iglesia (clero romano) y para el Estado, y probablemente fuese así, ya que la mayoría de ellos se había convertido como medio de evitar una segura sentencia de muerte.

La Inquisición Española, a pesar de su horror, ha jugado un papel de enorme valor histórico para el Islam. Aunque, por regla general, los historiadores occidentales han ignorado las evidencias, existen pocas dudas acerca de que los musulmanes jugaron un papel fundamental en la formación de la identidad española, y de que los crímenes de la Inquisición empujaron a los mozárabes españoles y portugueses a una hégira que tuvo como destino el "Nuevo Mundo".

Mientras los nuevos navegantes sigan aprendiendo la versión de la Historia que otorga a Cristóbal Colón el papel de "descubridor de las Américas", no tendrán acceso a la historia completa. Por ejemplo, Colón empleó marinos expertos que eran tan musulmanes como españoles, y lo mismo ocurría con los judíos.

También la historia relata que Beréberes norteafricanos y turcos capturados en el mediterráneo por los españoles y portugueses y que fueron regularmente usados como esclavos de galeras en las naves que cruzaban el Atlántico. Una vez en el Nuevo Mundo, estos cautivos musulmanes fueron destinados a trabajar como esclavos de labor en las plantaciones de caña de azúcar y en los establecimientos mineros de Cuba y Brasil.

Por eso con el descubrimiento de América los primeros árabes musulmanes, judíos, cristianos y conversos se albergaron en el nuevo mundo tanto hábiles marinos y comerciantes así como una fuerza laboral esclava.

Como se dijo antes, una gran mayoría de estos esclavos eran musulmanes, quienes no contaban con posibilidad ni libertad de realizar o practicar sus ritos y cultos religiosos, muy por el contrario, en muchos casos fueron obligados a abandonar sus creencias, bajo pena de ser ejecutados. Así, con el transcurso del tiempo fueron desapareciendo sus vestigios del Islam en tierras de América Latina y muy especialmente en México antes de la conquista española en 1519.

Pero abordemos ahora el tema de los míticos mozárabes y su legendaria historia.

Crismón de los Mozárabes.

Breve reseña histórica de los Mozárabes

En la época de la invención Jacobea la primacía de la cultura europea está repartida entre tres comunidades monásticas: y me refiero a las Órdenes de San Benito (Romana), la Orden de San Columbano (Celta) y los Monasterios Mozárabes españoles (visigoda y musulmana).

La historia nos cuenta que en los monasterio benedictinos se dan cita los restos de la cultura greco-romana, en estos se escriben los códices miniados, así mismo en ellos se reescriben e inventan o reinventan las viejas tradiciones de la mitología y leyendas de todos los pueblos, en estos monasterios asisten los intelectuales que prefieren la tranquilidad del monacato antes que el bullicio de las cortes reales.

Compitiendo con los benedictinos, las comunidades célticas, puntualizando específicamente en los Mojes de San Columbano en los años 540-615 D.C., cuyo reglamento, de gran acogimiento, era más severo el cual consistía en realizar prácticas ascéticas. Estos se extendían desde Irlanda, extendiéndose por toda Europa, fundando centros de irradiación para su cultura celtica como por ejemplo la Saint Gall, la Civilización Irlandesa, brillante, y original iluminó entonces toda la Europa Occidental, aunque Irlanda llegó tardíamente al cristianismo, recupera su retraso y se convertirá desde el siglo V al VII en el verdadero foco occidental de la cristiandad.

La orden de San Columbano, embajadora de esa cultura céltica en tierra continental, contaba no solo con buenos miniaturistas, magníficos orfebres y excelente pensadores, también contaba dentro de sus filas con los mejores constructores de su época, ellos son los responsables de difundir el estilo expresivo céltico en los edificios religiosos, e incluso civiles, ya sea visigoda, carolingia o lombarda.

Pórtico de la Iglesia de Santiago del Temple, Bembrive, Pontevedra.

De este modo, los monjes constructores de tradición celta, quedan asimilados a sus compañeros de tradición romana. Es la unión definitiva, a nivel oficial, de los constructores "paganos" al cristianismo gobernante, para ellos, pues era necesario la invención de la leyenda jacobea: Y el beato de Liébana, un mozárabe, que no es ajeno a la formación de dicha leyenda. Un personaje que, con insólita vocación europea, se carteaba con Alcuino de York, el anglosajón magister de la escuela palatina de Aquisgrán.

Alcuino de York (735-804; Epistolae 166,9): "Nec audiendi qui solent dicere ´vox populi, vox Dei´, quum tumultuositas vulgi semper insaniae proxima sit". Lo que viene a significar en cristiano: "Y no debería escucharse a los que acostumbran a decir ´la voz del pueblo es la voz de Dios´, pues el desenfreno del vulgo está siempre cercano a la locura".

Porque para llegar al pleno desarrollo del románico y su civilización los constructores deberán pasar aún por otra etapa, tendrán que asimilar los conocimientos orientales aportados por los árabes y filtrados por el tamiz hispano visigodo de la experiencia mozárabe.

Pero ¿quiénes eran esos mozárabes que guardaban los enclaves mágicos hispánicos, ya sea en comunidades eremíticas o en importantes monasterios?

Hasta aquí hemos llegado a descubrir un poco el gran reconocimiento cultural de los mozárabes en las antiguas culturas celticas y visigodas, ahora abordaremos un poco sobre su cultura religiosa por la cual adquirieron el nombre de mozárabes.

Se les conocía con el nombre de mozárabes a los cristianos que vivían bajo la dominación musulmana en al-Andalus (Etimológicamente la palabra "mozárabe" deriva de la voz árabe ***"musta ´rab"*** definitoria del cristiano hispánico). Estaban obligados a pagar impuestos a los sarracenos de carácter personal y territorial, por lo que formaban parte de los grupos de tributarios o dhimníes. Los cristianos de Al-Andalus o mozárabes, conservaron su organización política, jurídica y eclesiástica. A medida que la cultura islámico-oriental arraigó en los territorios peninsulares dominados por los musulmanes, los mozárabes perdieron importancia y se fueron arabizando. Ante esa situación los más intransigentes promovieron revueltas militares contra los invasores musulmanes y en su mayoría emigraron a los núcleos cristianos. Hasta el siglo XI la comunidad mozárabe vivió un periodo de relativa tranquilidad, pero a partir de ese momento, con la llegada de los almorávides primero, y de los almohades después, su situación se deterioró y acabaron por ser masacrados, esclavizados y expulsados por estos últimos.

Mozárabes practicando las altas ciencias arquitectónicas.

La actividad mozárabe en sus contactos con los reinos cristianos, y más aún con su definitiva deportación, contribuyó a la difusión de los conocimientos científicos y artísticos orientales por los territorios.

Los árabes iniciaron la invasión de la Península el año 711, encontrándose con el pueblo hispano-romano-visigótico, que había alcanzado una organización política y eclesial y un desenvolvimiento cultural y humano, muy notable. Con unas civilizaciones superiores incluso al invasor, las gentes hispano-romanas e hispano-godas mantuvieron su personalidad como pueblo y como comunidad cristiana.

SCRIPTORIUM del Panteón Real de la Colegiata de San Isidoro en León:

Considerado Templo de la Sabiduría, alberga más de 800 pergaminos, bulas pontificias, documentos reales y eclesiásticos, 400 incunables, 1000 volúmenes de libros raros, además:

-Biblia visigótico-mozárabe SX-Biblia Románica 1162

-Misales, breviarios, vida y milagros de SAN ISIDORO de SEVILLA(Doctor de la Iglesia,legislador de los hispanos, Padre de clérigos,fulgor de la justicia),teología, derecho canónico, cantorales, ceremoniales

Como acontece en situaciones tales, y pasado el tiempo tras la invasión musulmana, muchas de aquellas gentes hispánicas se arabizaron totalmente, adoptando la lengua, la fé y las costumbres árabes; otras huyeron hacia las tierras del Norte, salvando más o menos satisfactoriamente su identidad hispano-romana o hispano-goda; no pocas, sin huir, resistieron a las nuevas ideas y, sobre todo, a la nueva fé religiosa, que intentaban imponerles, pagando, en ocasiones, su resistencia con el martirio; y otras muchas aprendieron a convivir con los invasores, asimilando no pocos aspectos de la cultura musulmana, sin renunciar a la profesión y práctica de su fé cristiana, constituyendo comunidades más o menos marginadas dentro de la gran sociedad islámica. Esta práctica marginación les obligó normalmente a observar la endogamia, lo que hizo posible que pudieran transmitir su estirpe hispánica y su linaje de padres a hijos a través de los siglos.

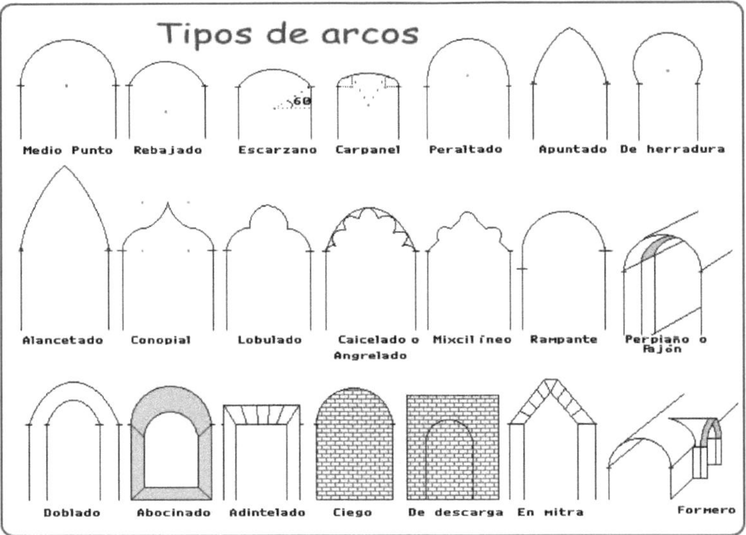

Diseño de tipos de arcos de construcciones mozárabes.

No olvidemos que la persecución del Islam contra los cristianos fué a veces tan virulenta como la del Imperio Romano, e incluso tal vez más aún, como sucedió en cruentas persecuciones, especialmente en el Sur y aun en el mismo Toledo, donde fueron asesinados en el martirio unos 5.000 cristianos mozárabes en el famoso «día de la Hoya».

Aunque el Islam representaba una fé y una cultura joven, que estimaba positivamente no pocos valores judeo-cristianos como el Dios único, todopoderoso, justo y providente, el Abraham bíblico, Jesús «el gran profeta» y María, su virgen-madre inmaculada, que son también patrimonio coránico, esto no evitó una confrontación de la Iglesia con el pujante y expansivo Mahometanismo de forma dramática que mantuvo un enfrentamiento entre cristianos y agarenos de más de 11 siglos, hasta su total expulsión de España.

Arqueología Mozárabe en España.

De ahí que los Califas, Emires y Reyes «taifas» supieran, en algunos casos, respetar la religiosidad cristiana, costumbres y organización cívica de los sojuzgados, y hasta aceptar en algunos aspectos políticos y administrativos su cooperación. Esas gentes hispánicas, que, luego apoyadas en su fé, conservaron su identidad fueron llamadas, seguramente por los mismos árabes, mozárabes, o «mezclados con árabes», término que nada tenía de peyorativo, y que por los mozárabes se usara con honor y orgullo.

Lo cierto es que los sabios y estudiosos mozárabes tuvieron acceso a las bibliotecas árabes, donde se amontonaban manuscritos hebreos, musulmanes, gnósticos, kabalisticos, griegos, y alejandrinos, así como la biblioteca cordobesa, destruida posteriormente por el obispo en turno, y que una buena parte de esos manuscritos o sus copias se encontraban en fecha temprana, en los monasterios mozárabes de los reinos cristianos.

Diversas imágenes de arquitecturas mozárabes.

Beato de Gerona. Iglesia de Filadelfia y su ángel

Iglesia de Tonantzintla Puebla Mex

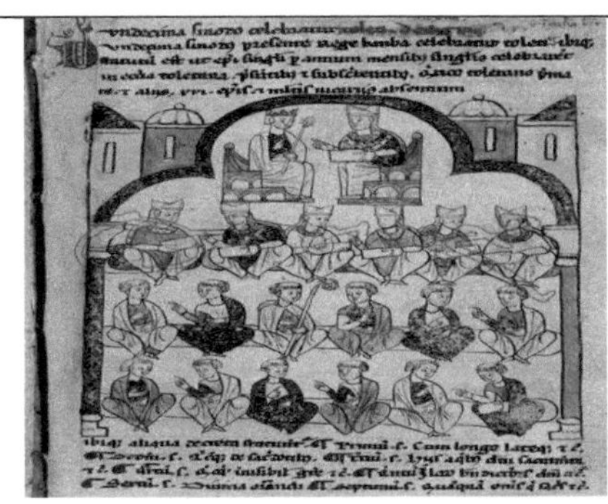

Zona Arquelógia España

	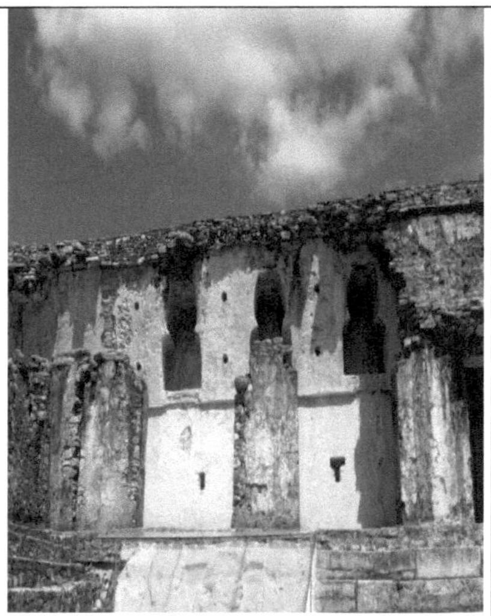
Templo de las Cruces Palenque Chiapas.	Explanada Central Interior del Palacio Palenque Chiapas.

Templo de las Cruces Palenque Chiapas.	Templo de la cruz foliada. Palenque Chiapas.

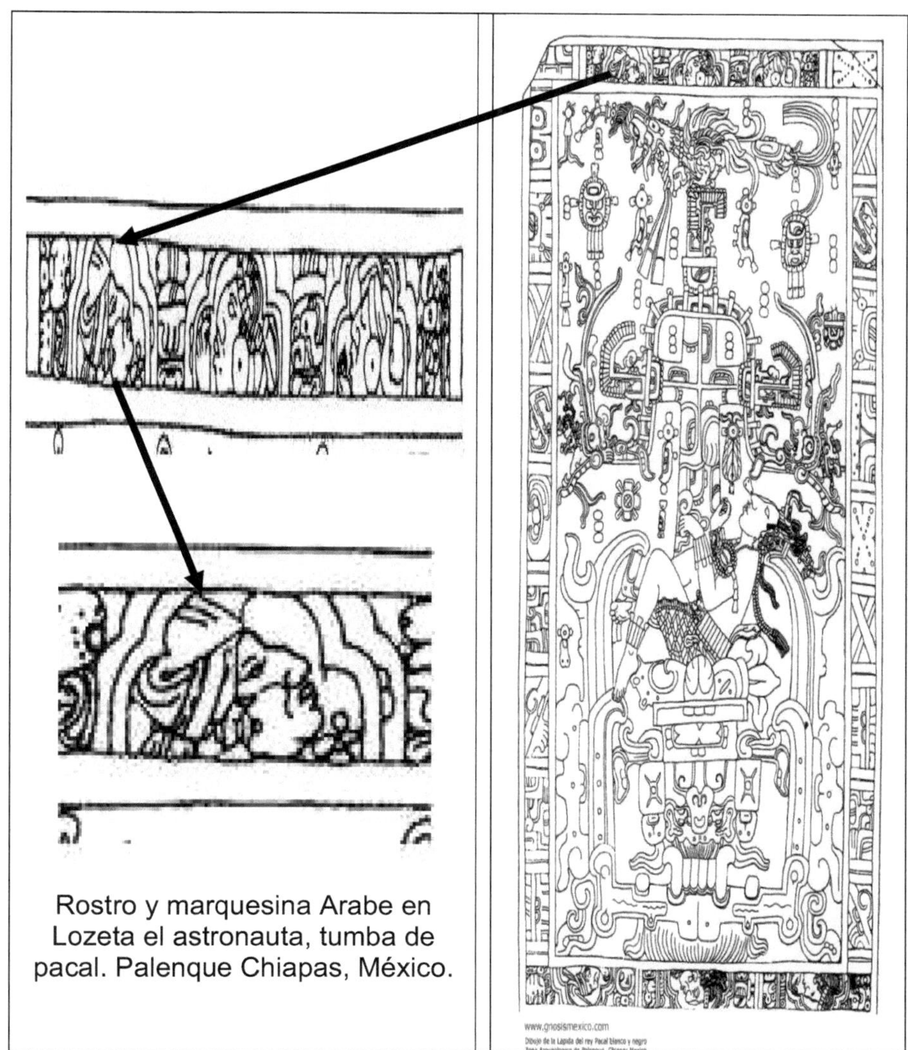

Rostro y marquesina Arabe en Lozeta el astronauta, tumba de pacal. Palenque Chiapas, México.

Las primeras acuñaciones mozárabes

Moneda acuñada con el símbolo del crismón mozárabe.

Desde el siglo VIII, centuria en la que musulmanes ocupan prácticamente toda la Península Ibérica, hasta el siglo X, donde la Reconquista ya está plenamente idealizada, los diversos núcleos políticos, que se habían ido formando en las cordilleras septentrionales, pasarían a convertirse en la resistencia efectiva frente a los musulmanes.

De la economía natural a la feudalización

A lo largo de estos dos siglos, del VIII al X, observamos una peregrina evolución en cuanto a economía social y política, de dichos núcleos, se refiere. Los territorios del norte de la Península Ibérica habían quedado fuera del dominio musulmán. En esas zonas habitaban los antiguos pueblos que menos se habían romanizado: cántabros, astures y vascones. A ellos, se les sumaron algunos de los emigrantes visigodos que escaparían del nuevo inquilino.

Debemos partir, por lo tanto, del hecho de que todos estos núcleos naturales aparecen en tierras casi despobladas, donde perviven todavía formas económico-sociales neolíticas, en las que no se estableció el dominio ni penetró la cultura romana y visigoda. Aunque pudieron aprovechar, en algún momento, las diversas luchas internas de al-Andalus, especialmente durante el siglo X, estos núcleos cristianos se limitaron a una política meramente de supervivencia, es decir, de rapiña.

La infraestructura de todos estos núcleos de resistencia se basó en una economía natural, agrícola-ganadera, que mantuvo incluso relaciones comerciales de importación con al-Andalus y Europa. Fue entonces cuando todos ellos, en mayor o menor grado, fueron abriéndose hacia un proceso de feudalización en cada vez más dominante minoría nobiliaria y eclesiástica, las cuales tendrían el control de rentas en las manos.

Esto no quiere decir que los primeros agricultores y ganaderos se quedaran sin tierras, todo lo contrario, a medida que la Reconquista avanzaba, los poderosos y los monasterios, que disponían del instrumental necesario (siervos y colonos) para ocupar extensos territorios, como es lógico, poseian más capacidad para colonizar que un simple artesano o ganadero.

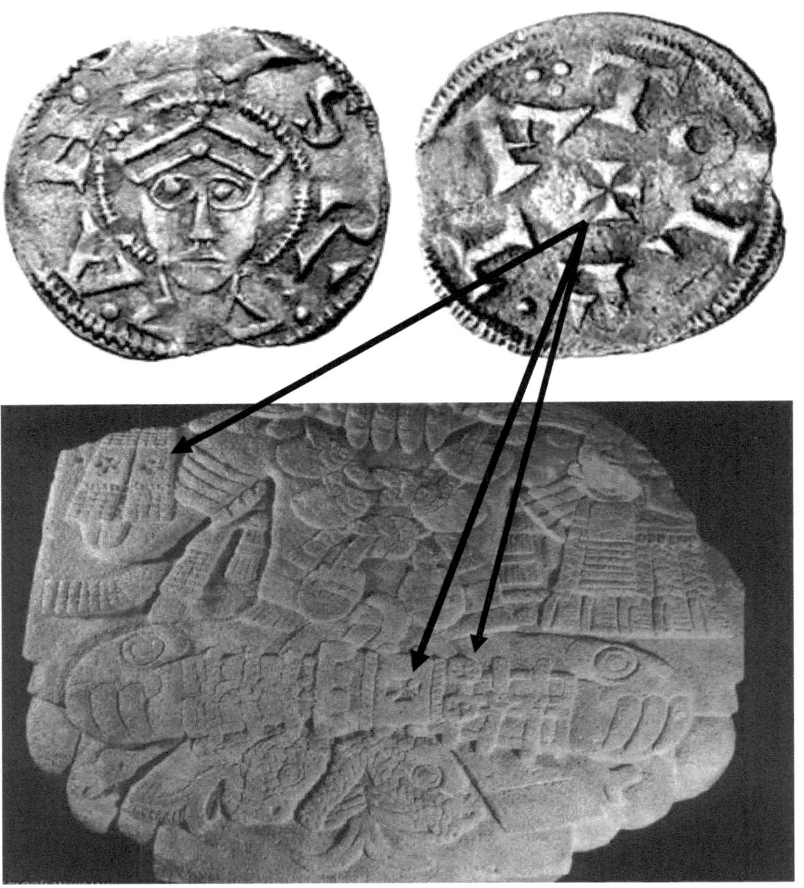

Bajo relieve de una deidad (sin cabeza) encontrada en el templo mayor Cd. De México Tenochtitlán, aparentemente un guerrero azteca en posición de flor de loto, se pueden descubrir claramente cinco cruces templarías similares a las representadas en las monedas Mozárabes mostradas en la parte superior.

Cada obra dista entre sí aproximadamente 525 años desde el nacimiento de la economía natural a la feudalización en el siglo VIII y la fundación de la Gran Tenochtitlán en el año 1325.

Acuñaciones en monedas con símbolos astronómicos, cruz de malta, la tau, y el crismón de los mozárabes.

Un dirhem "cristiano" y el paso previo hacia el numerario cristiano

La economía de estos reinos era de tipo natural, fundamentalmente agrario-pastoril, que no utilizaba la moneda y tenía una artesanía y un comercio escasamente desarrollados. La unidad de cambio era la oveja y no existía prácticamente una artesanía (las ciudades eran de agricultores y ganaderos).

Poco después, y de manera excepcional, Alfonso VI ordena acuñar un dinero de tipología goda con un retrato esquemático de frente. Este dinero, con una representación estética muy cercana a los mozárabes residentes en Toledo, daba continuidad tipológica a las antiguas acuñaciones visigodas y suevas de la Península Ibérica, siendo el precedente cristiano más cercano que existía hasta entonces.

Con estas dos acuñaciones, la del dirham cristiano y la del dinero godo, Alfonso VI se granjea tanto a los musulmanes primeramente como a los mozárabes que vivían en Toledo. Fué entonces cuando el monarca sacó jugo a esta sinergia multicultural proclamándose emperador de las dos religiones.

En pleno expansionismo y esplendor del Imperio Carolingio a través de las reformas de Cluny y el afán de unificar Europa occidental, Alfonso VI intenta entrar en la órbita de influencia política del momento implantando ciertas medidas en su reino. Para ello adopta la liturgia romana o cluniacense en sustitución de la arcaica liturgia hispánica visigótica y, en un segundo intento, trae desde Francia a varios monjes benedictinos de Cluny, entre los que destaca la figura de Bernardo de Sedirac. Éste, nombrado inicialmente abad de Sahagún y años después arzobispo de Toledo, convence al propio monarca para adoptar el arte románico europeo en sus, aún desfasadas, monedas.

De este modo el rey Alfonso VI adopta la influencia carolingia para sus nuevos dineros, imitando a las monedas francas en epigrafía, diseño y metrología con el famoso cuadrilítero que se difundió por toda Europa. En dicho numerario podemos distinguir dos tipos: los de “primera creación” con aros y estrellas y los del Crismón.

Cabe destacar las acuñaciones de Urraca I, hija y sucesora de Alfonso VI, labradas como homenaje tras la muerte de su difunto padre y al recibir la corona del reino. En dichas acuñaciones observamos nuevamente un retrato de frente pero de Doña Urraca, que recuerda a las acuñaciones toledanas labradas por Alfonso VI como continuación de la tradición de representación frontal visigoda. El busto se presenta con una diadema perlada. Estamos, sin duda, ante la primera representación de una mujer en la numismática medieval.

Conclusiones

Las monedas son un testimonio fiel de la historia. En este caso, es gracias a las monedas, presentadas en este capítulo, como podemos analizar la sociedad y las circunstancias políticas, económicas y sociales que abrieron paso hacia el primer numerario cristiano, propiamente dicho, de la Península Ibérica.

Con el dirhem "cristiano" somos testigos de cómo el rey supo plasmar el mensaje político y religioso que quería difundir entre el pueblo. En este caso, los musulmanes residentes en Toledo. Convenía, en efecto, poner la iconografía al servicio del "marketing", una disciplina tan antigua como la humanidad, para adaptarla a los intereses económicos y políticos. Este dirhem cubrió las necesidades comerciales que cristianos mantenían con los musulmanes, acuñando monedas que copiaban sus símbolos, escritura y demás motivos evitando el rechazo musulmán. Igualmente, encontraríamos el mismo caso en el dinero godo y en el carolingio, ambos -el dinero godo en vista de la población mozárabe para su aceptación y el dinero carolingio a merced de ciertas expectativas políticas-, son una consecuencia de las necesidades de la época a la que pertenecieron.

También queda claro que mucha de la simbología en las monedas acuñadas, son similares a las utilizadas por los caballeros templarios y me refiero a la cruz de Malta y cruz de San Andrés, curiosamente, este mismo símbolo fue utilizado en los escudos de armas de los guerreros aztecas, símbolo que no se deja pasar desapercibido tampoco en las edificaciones de las culturas mexicanas, principalmente en la Gran Tenochtitlán y la cultura Maya de Palenque Chiapas.

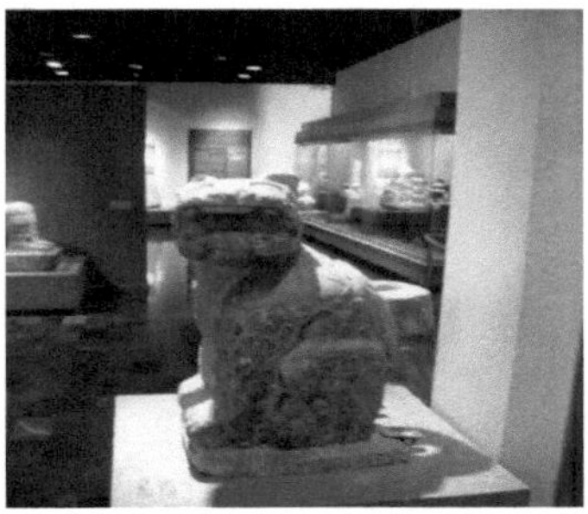

Cruz de San Andrés en la Nuca de la Figurilla del Jaguar porta estandarte. Museo Nal. e Antropología e Historia.

Cruz de San Andrés en la fajilla de la Estatuilla de Pakal. Museo Nal. de Antropología e Historia.

Vasija con Cruz de San Andrés, sostenida por 3 cráneos. Museo Nal. de Antropología e Historia.

Crus de San Andrés en el interior de una tumba Octagonal (Arquitectura Templaría) que hace la función de ventana. Ocotepec Puebla.

Arriba:- Loseta encontrada en excavaciones del Templo Mayor Cd. De México.

Abajo:- **La iglesia de Santa María de Lebeña fundada en el año 925 por el conde Alfonso y su esposa doña Justa con el propósito de enterrar en este lugar el cuerpo de Santo Toribio de Astorga, es uno de los pocos ejemplos de arquitectura mozárabe que se conservan en la región.**

Podemos notar la similitud en su diseño.

Figura 5. La Ceremonia del Fuego Nuevo, Códice Borbónico, p. 34.

Cruces de San Andrés en vestimentas y la casa del fuego.

Caballeros Templarios de Guerreros a Constructores.

Comenta Jorge Alarcón en su obra Bajo la Sombra de los Templarios, que, cuando estos se instalaron en el peregrino camino llamado jacobeo, aquel que los Compañeros constructores recorrieron en todos los sentidos.

Aquellos maestros de la piedra que con anterioridad se unieron a los mozárabes y benedictinos, mismos que se refugiaron en sus monasterios, para aprender y para salvaguardar lo que ya por tradición habían aprendido, verán con la aparición de los Caballeros del Temple la ocasión para ampliar aún más sus conocimientos sobre la tradición ancestral. Al tiempo que encuentran en los caballeros Templarios unos protectores del primero orden, los más poderosos y sabios que jamás hayan tenido.

No se cuenta con un dato exacto para precisar la cantidad de Compañeros constructores que ingresaban a la orden Templaría, o de aquellos que accedían al grado de Compañeros y que mantenían su permanecía dentro de la orden.

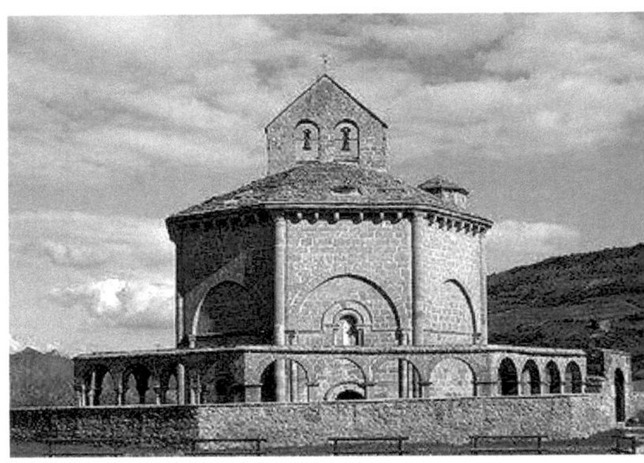

La celebérrima iglesia de Santa María de Eunate, perteneciente al municipio de Muruzábal, se puede observar su peculiar planimetría octagonal.

Sin embargo desde los inicios de la Orden, hubo un cierto número de caballeros y hermanos Templarios que recibían la iniciación de Compañero durante alguno de los grados de ascenso dentro de la fraternidad, cuando estos eran llamados en razón de sus talentos, así como para dirigir los trabajos de construcción o ejercer una enseñanza de maestros para los aprendices.

Muchos Caballeros de la orden llegaron a especializarse en el arte de la caballería guerrera y la caballería de oficio, siendo el caso de aquellos caballeros que después de alcanzar el grado de Maestros de la Construcción, así como al desarrollar una dilatada y amplia carrera ejerciendo su oficio, se ganaron el honor de ser sepultados en el edificio principal levantado por ellos mismos.

Algunos miembros de la orden llegaron a ser grandes maestros constructores, otros no pasaron de discretos compañeros, puesto que no todos estaban igualmente calificados y la selección era por lo menos tan rigurosa, si no más, que para acceder a una compañía de gremiales, debía de dominar el arte de la simbología: Los templarios exclusivamente guerreros, tales como escuderos y servidores, pronto se acostumbraron a los signos y símbolos que interpretaron como decoraciones corrientes según el gusto, a la vez ignoraban el rito inusitado o les resultaban incomprensibles las "costumbres de caballero", solamente se apercibieron de que, tras ese simbolismo "extraño" y esas costumbres "curiosas", había algo mas cuando los inquisidores les interrogaron brutalmente a partir de 1307 y ya era tarde para reflexionar.

En cuanto a los símbolos que los templarios utilizaron en sus construcciones, desde las más complicadas hasta las más simples y sencillas, provenían de las logias de compañero, donde muchos de ellos fueron introducidos por los orientales, se sabe cómo, además de la celtica, las principales influencias esotéricas provienen de la cábala hebraica del antiguo Egipto a través de cristianismo copto, del gnóstico, y del mundo musulmán sufí.

Pero hablando de los Caballeros Templarios Constructores, ¿Quién pudo haberles dado el gusto por las iglesias poligonales, de planos inusitados y, sin embargo, tan armónicas? ¿Quién les hizo construir rotondas con la forma interior neta de los sellos de salomón? ¿Por qué levantaron iglesias de apariencia fortificada en el exterior, como torreones defensivo, cuya disposición interna es OCTAGONAL....?

El autor Fernando Martínez Maciel a la derecha acompañado de su colaborador en la investigación Rafael Camacho Méndez (Izquierda) al pie de una tumba Templaría de arquitectura Octagonal encontrada en la Cd. de Ocotepec, Puebla.

Estos constructores debieron haber recibido estas enseñanzas más que de los Compañeros Constructores, europeos, bizantinos, sirios, cristianos de Oriente, y sobre todo la tradición más importante de algunos musulmanes que colaboraron con ellos en su mayoría mozárabes en tareas comunes obedeciendo a las mismas tradiciones generales adoptando su simbolismo, y el más importante de todos los hasta ahora conocidos y que es la viva caracterización de su presencia y me refiero al símbolo del Crismón mozárabe.

Imágenes del Crismón mozárabe dividiendo la figura en si en 8 partes, las letras P y S hacen alusión a la conocida orden del Priorato de Sión.

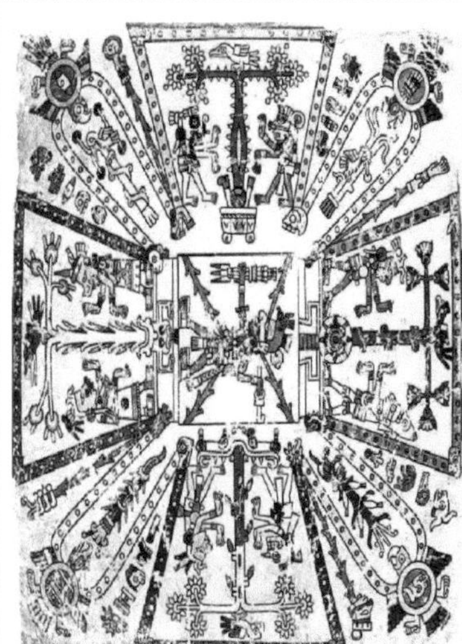

Tonalpohualli, códice Fejervary-Mayer, la cruz cuadrifolia, símbolo del principio y del fín, del cero y del tonalpohualli

Similitudes entre el Tonalpohualli, códice Fejervary-Mayer y crismón mozárabe que divide la figura en 8 partes, teniendo la figura maya la cruz de san Andrés al centro y la tau al interior de la misma. La imagen mozárabe de la misma forma contiene una cruz similar a la figura maya, solo que está formada por ángeles

Los Caballeros del Temple otorgaban una especial importancia a un símbolo muy en particular, y me refiero a la cruz de ocho puntas, denominada heráldicamente "Cruz de las Ocho Beatitudes o bien Bienaventuranzas" que según algunos autores contenían en si el alfabeto secreto de la orden.

La cruz de ocho puntas, incluida en un polígono, producía un octágono. Así pues, dicha cruz serviría como símbolo base para el trazado octagonal en la planta de las capillas mistéricas templarías. Este plano arquitectónico, al signo mediador del 8, los caballeros constructores añadían la significación central de la cruz, y me refiero a la unidad, invisible en la construcción material pero sin la cual ésta no existiría, ya que las capillas octagonales no se entienden si no es en relación al centro de la unidad uno.

Para finalizar este tema- y resumen- de cómo los Caballeros del templo adquirieron el arte de ser Maestros Constructores, así mismo el arte de la administración económica y la simbología tradicional, y después de analizar tediosamente las enseñanzas mozárabes en el arte de la construcción a los multicitados caballeros templarios, daré una breve explicación sobre la relación entre el número 8 y los diseños octagonales.

En la Cábala, el numero 8 o letra Heth corresponde al octavo sefirá: Hod (Gloria); el número 9 o letra Theth corresponde al noveno sefirá, Yesod (Fundación). Las capillas poligonales, puesto que participaran tanto de uno como de otro signo, se nos revelan como la Gloria de la Fundación, fundación que no puede ser otra que la Orden del Temple.

Flor de ocho pétalos, labrada en el exterior de la Tumba Octagonal (Templaría) descubierta el Ocotepec, Puebla.

Bajo relieve encontrado en el Templo de San Martin en pietros (León), que formó parte de una desaparecida casa fuerte templaría, se puede notar una flor de 8 pétalos similar a la encontrada en la Tumba octagonal en Ocotepec, Puebla.

Cruz de las ocho beatitudes.

Capítulo 2

18 de marzo de 1314 D.C. Europa.

Uno de los hombres más poderosos de Europa, Jakes de Molay , está a punto de ser ejecutado, los cargos que se le imputan son, culto al Diablo, Sodomía y chantaje económico.

Demolay es uno de los 69 hombres quemados vivos por órdenes del rey Felipe IV de Francia, mejor conocido como Felipe El hermoso.

Los condenados pertenecen a una de las órdenes y hermandades más misteriosas y conocidas mundialmente hasta nuestros días como los Caballeros Templarios.

Estos guerreros Templarios fueron temidos poderosos e inmensamente ricos en la edad media, lamentablemente en el año 1307 el poderoso imperio Templario llego a su fin.

Cuenta la leyenda que los templarios fueron capturados y acusados de herejía, mismos que fueron sometidos a dolorosas jornadas de tortura e interrogatorios, por lo que dicha situación los obligó a derrumbarse y aceptar los señalamientos y acusaciones que cobardemente les imputaban, dentro de las declaraciones confiesan los hechos de 2 siglos de poder mismos que se derrumban sin dejar rastro alguno hasta nuestros días.

Los Caballeros Templarios desaparecen de la Historia más sin embargo dejan para todas las generaciones modernas un extraordinario y espectacular misterio tras de sí.

Fundación de la Orden Templaria.

Los caballeros Templarios se hacían llamar los Caballeros Pobres de Cristo, sin embargo se transformaron en una de las Ordenes más ricas y poderosas de Europa medieval, se cree que el origen de su riqueza se debe a una muy antigua reliquia encontrada en el viejo templo de Jerusalén, sin embargo esa reliquia ha sido un fascinante enigma, pero, para descubrir este secreto Templario debemos regresar sobre sus pasos, y retornar hasta lo que fueron sus orígenes, así como hasta el choque de civilizaciones llamadas desde la antigüedad como las Cruzadas.

Año 1096 D.C.

En aquella época un ejército Europeo marchó incansablemente por miles de kilómetros hacia la región conocida como Tierra Santa, los estados musulmanes dominaban toda la región de oriente medio, esto incluía toda Persia y España, en esos días el Papa Urbano II, convoca a una guerra santa, con el objetivo de liberar a la Ciudad más Sagrada de la Cristiandad, "Jerusalén", según la historia, se cuenta que los cruzados tardaron más de 3 años en llegar a la ciudad santa, por lo que a lo largo del camino padecieron todos los guerreros, grandes enfrentamientos que los obligaron a las batallas más fatigosas, debieron enfrentar el hambre, las enfermedades y la muerte ya que el gran contingente de 4000 caballeros guerreros se redujo a algo más de mil elementos.

Julio del Año 1099.

Tras una cruenta batalla que los llevó a más de 5 semanas, los cruzados toman la ciudad, un testigo francés describe el hecho histórico, este hombre fué conocido como Raymundo Aguileres 1099 D.C., Aguileres describe la batalla como una de las más sangrientas, misma que motivó la recuperación de la ciudad Santa.

Después de ganar la batalla, los cruzados eligen entre ellos a los gobernadores del nuevo reino de Jerusalén, por lo que el destino les depara enfrentar una batalla tras otra para conservar la ciudad así como el resto del territorio sagrado.

Año 1118 D.C.

Los cruzados eligen a su tercer rey llamándolo Balduino I, Bajo el reinado de Balduino I, 9 hombres entre quienes se encontraba Godofredo de Saint-Audemar, a quien podríamos decir que era el segundo al mando, ya que se encontraban liderados por el francés Hugo de Payns, quien había crecido bajo una sólida educación cristiana y un hábil manejo de las armas. Llegaron a Jerusalén para proteger a los peregrinos que llegaban desde Europa a tierra santa, sin embargo, de esa misión nació la orden de los Caballeros Templarios, que sería una poderosa fuerza militar y económica, no solo de los cruzados sino de toda Europa, y que habría de despertar tantos pensamientos acerca de los misterios que encierra su historia.

Transcurrido cierto tiempo, en 1127, el primer maestre de la orden Hugo de Payns, obtuvo el permiso del rey de Jerusalén para intentar "oficializar" la orden y emprendió un viaje a Roma con el fin de obtener una legítima aprobación del papa. En ese entonces Balduino I había muerto y en su lugar se encontraba Balduino II, primo del fallecido, fue él quien escribió la carta al Abad (título que ostentan los superiores de los monasterios) Bernardo de Clairvaux (personaje de la divina comedia, a quien Dante sitúa como el único con acceso al cielo más elevado, activísimo religioso que escribía cartas a reyes, papas, obispos y monjes) quien los recibió calurosamente y con todos los honores. Sorpresivamente Bernardo de Clairvaux (San Bernardo de Claraval) era pariente de dos de los nueve miembros de la orden del temple: Hugo de Payns y Andrés de Montbard. Dentro de sus pensamientos estaba precisamente el de sacralización de la milicia, por lo que fué recibida con entusiasmo la carta de Balduino II, y con ello el apoyo de tan importante figura estuvo garantizado. Bernardo de Clairvaux fué canonizado el 18 de Enero de 1174 incluido en el calendario de los santos por el Papa Alejandro III.

Después del caluroso recibimiento de **Bernardo de Clairvaux**, Hugo de payns y los cuatro acompañantes que había llevado consigo a Europa fueron recibidos en calidad de recomendados por Bernardo de Clairvaux, por el papa **Honorio II**, en Roma. Los entonces miembros aspirantes a la orden, habían recibido de los canónigos del Santo Sepulcro la regla de San Agustín, misma que ellos profesaban que era una normativa que describía una serie de deberes religiosos que ellos debían llevar a cabo, sin embargo Bernardo de Claurvaux quería algo más de la nueva orden y en la primavera de 1128, se celebró un concilio extraordinario en Troyes, a la cual asistió una serie de personalidades importantes dentro del ámbito religioso astutamente reunidos por el Avad Bernardo de Clairvaux, ya que todos estaban vinculados a el de cierta manera, ahí fue donde él mismo, expuso los principios y primeros servicios de la Orden. Fué así como la Orden del Temple fué reconocida "oficialmente" como una militarización oficial de las cruzadas y luego de esto, el apoyo de nobles y príncipes fué requerido por el concilio para que ayudaran a la recién reconocida orden además de que se le pidió a Bernardo de Clairvaux que redactara una regla única original para los Templarios. Dichas leyes eran una mezcla de normas militares y normas religiosas, hacían votos de obediencia, castidad y pobreza. También se les impuso un manto blanco como prenda oficial y más tarde el papa Eugenio III le agregó una "CRUZ DE MALTA".

Escudo de Armas con la Cruz de Malta.

Entrenamiento de la Orden Templaria

Su entrenamiento era tanto físico como espiritual, ya que se les instruía tanto de religión como del manejo de las armas. Cuando alguien se iniciaba en la orden de los templarios todos sus bienes (propiedades y grandes fortunas, cuando se trataba de nobles) pasaban a manos de la orden, así que no es raro que el poderío económico de los templarios creciera rápidamente.

A todas estas curiosas características de la orden, se les añade que únicamente respondían al papa y a la iglesia, de este modo, la defensa de Jerusalén y por qué no decirlo, futuras conquistas, estaban aseguradas. En su sentido de monjes, los templarios debían de pronunciar los votos de pobreza, castidad y obediencia, más un cuarto voto de conquista y conservación de tierra santa, aunque cumplir este voto significara sacrificar su vida. Se distinguían de otras órdenes como las órdenes de los caballeros teutónicos o los caballeros de San Juan de Jerusalén, las cuáles eran más bien fundadas como instituciones de beneficencia o caridad.

Jerarquías en la orden

Los rangos dentro del orden estaban organizados de la siguiente manera:

- **Sirvientes (aspirantes)**
- **Escuderos**
- **Caballeros**
- **Priores comendadores**
- **Maestres (De los cuáles el primero fue Hugo de Payns)**
- **Gran Maestre (Equivalente a príncipe; por ejemplo Jakes de Molay)**

Viendo esta clasificación cabe mencionar que solo los caballeros eran los que llevaban la indumentaria con que comúnmente son identificados (manto blanco y cruz de malta). Eran feroces combatientes y su servicio para Jerusalén era distinguido, aunque sostenían malas relaciones con la orden de los hospitalarios, a tal grado que para el año 1240 se habían deteriorado a tal magnitud, que caballeros de ambos bandos luchaban entre sí en plena calle en Acre.
Su desmesurado crecimiento material de la orden del Temple, se debía a varias razones.

Año 1139 D.C.

Los Caballeros Templarios logran conseguir una bula papal que les excluía de la jurisprudencia, tanto civil como eclesiástica, con lo que no volvieron a rendir cuentas ni a reyes ni a obispos, únicamente al Papa. Además de los testamentos y donativos que recibían, también estaban las grandes fortunas de los nobles que entraban a formar parte de la orden. También podían recolectar dinero en todas las iglesias de occidente, una vez al año. Obtenían grandes beneficios comerciales con todo el excedente que obtenían de sus granjas y encomiendas.

Para 1170, la orden de los templarios se encontraba en Francia, Alemania, España y Portugal, y 50 años más tarde era la fuerza económica, militar, política y religiosa más importante de Europa. Dentro de sus posesiones se presume que estaban: 9.000 encomiendas, que eran granjas y casas rurales Un ejército de 30.000 caballeros (sin contar escuderos y sirvientes, artesanos y albañiles) Más de medio centenar de castillos, una flota propia de barcos (con puertos privados), la primera banca internacional.

Tales castillos construidos por los templarios eran potentes formas de control sobre el territorio conquistado o amenazas para los territorios por conquistar, algunos de los castillos construidos por los templarios nunca fueron tomados, aunque sí abandonados cuando se retiraron a Palestina en 1221. El poder y prestigio de los templarios era tal, que cuando el rey de Áragon Alfonso I "El Batallador" murió, nombró como herederos del reino a los Templarios, aunque claro la nobleza Aragonesa no permitió que esto ocurriera y terminaron nombrando al Monje Ramiro II como rey de Áragon y a García Ramírez como rey de Navarra, no obstante tuvieron que ceder algunas propiedades y privilegios como compensación.

Los templarios resultaron una importante fuerza a tomar en cuenta en las campañas cruzadas en contra de los sarracenos, aunque no lograron tomar nuevamente Jerusalén ya que Saladín había unificado a los árabes y ejercía un liderazgo ejemplar. Cuando Jerusalén fué conquistada nuevamente por los árabes, los caballeros templarios se instalaron en Chipre, y a partir del siglo XII se establecieron en las zonas fronterizas de Cataluña, Áragon, Navarra y Castilla, desde donde pudieron participar en las conquistas cruzadas.

A través del tiempo los cruzados desarrollaron un excelente sistema bancario, fueron el primer banco de transacciones del mundo. Debido a que no pagaban impuestos ni diezmos puesto que solo respondían ante el papa, la fortuna de los templarios creció rápidamente, eran depositarios de los tesoros de algunos reyes.

La historia Europea reconoce que en esa época jamás hubo una fuerza tan semejante, todo parecía indicar que eran invencibles ya que vencieron de manera espectacular muchas batallas, por lo que eran muy respetados, los rodeaba cierto misticismo y cierta Aura de poder.

El misticismo Templario

Parte de su misticismo tenía sus raíces en su cuartel general, el rey Balbuino II, cedió parte del antiguo templo judío, el cual era uno de los lugares más sagrados de la cristiandad, por lo que estos se ubicaron en las antiguas caballerizas del templo, esto motivo a reorganizar el lugar.

Los Templarios realizaron una gran cantidad de excavaciones para ampliar y acondicionar su cuartel general, por lo que durante esta actividad, descubren algo que cambiaría el rumbo de los destinos de la orden del templo.

La historia nos cuenta que debajo del templo de Jerusalén, los caballeros templarios hicieron el descubrimiento más grande e importante de todos los tiempos.

Algunos investigadores estudiosos del tema no están de acuerdo en el verdadero objetivo de la creación de los caballeros templarios, misma que fué la de custodiar y dar protección a los peregrinos que viajaban de Europa a la ciudad santa de Jerusalén, y la razón es debido a que los templarios cambiaron esa tarea por la afanosa actividad de las excavaciones durante 9 años bajo el templo de salomón, esto incluía una gran parte de la ciudad sagrada, creando con esto una vasta red de túneles subterráneos que existen hasta nuestros días.

No se tiene una plena certeza del descubrimiento realizado por los caballeros templarios en la gran diversidad de excavaciones realizadas, pero sin embargo, ha sido motivo de especulación por siglos desde entonces.

No puedo dejar de mencionar que existen muchas teorías, como por ejemplo, el descubrimiento de un mapa al parecer de cobre, el cual detallaba los lugares exactos de la ubicación de los tesoros del templo judío, a esta hipótesis recordamos que en el año 70 D.C. en la destrucción de la Jerusalén los judíos escondían por toda la región santa, mapas de cobre de los tesoros sagrados, esto con el fin de poder recuperarlos.

Según la historia cuenta que el pergamino de cobre les llevo hasta el tesoro más buscado y codiciado de la cristiandad, "El Santo Grial".

Copa emblemática del Santo Grial

El Santo Grial.

Si repasamos la historia esta narra que en la edad media, el grial es objeto de innumerables cuentos, leyendas y canciones, como por ejemplo el Parsifal, para algunos el grial es una copa, pero realmente analizando y a estas alturas de nuestra época podría ser cualquier cosa, ya que esto es un concepto netamente medieval, ya que dentro de los relatos tiene muchas formas distintas.

Algunos historiadores e investigadores relacionan al grial como una copa, otros con la lanza que penetro el costado de Cristo al momento de la crucifixión, sin embargo, muchos otros más compenetrados en el tema, aseguran y reafirman que el tesoro ambiciosamente buscado por estos era la cabeza de Juan el Bautista, ya que existe una afirmación que también había sido enterrada ahí, otros mas no tan errados argumentan algunas hipótesis relativas a pergaminos que contenía los nombres de los descendientes de Jesús el crucificado, otros más letrados aseguran que los caballeros templarios tenían bajo su custodia a los descendientes del mismo Jesucristo, y que realmente el nombre del santo grial era una traducción errónea de santo grial a sangre real, ya que según algunos teóricos en la materia Jesús se casó y tuvo hijos los cuales eran parte del gran secreto del Grial.

Sin que suene a locura, es más viable que el poder atribuido a la orden del templo por el papado, haya sido otorgado por esta última hipótesis ya que de ser así, la existencia de los descendientes de Cristo, podría poner en tela de juicio y desestabilizar todo el poder y estructura del cristianismo, sin duda el clero en esa época pagaría sin especular cualquier precio que fuera para mantener oculta esa información.

Pero indiscutiblemente es una simple e interesante teoría, nadie sabe a ciencia cierta qué fué lo que descubrieron los templarios bajo el templo, pero sin embargo no existe ninguna duda hasta hoy de lo que ocurrió después, ya que Hugo de Payans abandono el cuartel de tierra santa para asistir al consejo de Troyans en Francia, lamentablemente nadie sabe que se debatió ahí, solo el resultado.

Se sabe con certeza que el Papa Honorio II concedió a los templarios su bendición así como un inmenso poder sin precedentes, por lo que los caballeros templarios gozarían de inmunidad de todas las leyes normas e impuestos absolutamente en todas las naciones, por lo que esta acción los convierte en una fuerza, en una gran potencia de la época medieval.

En nuestra época actual algunos famosos escritores como Dan Brown aseguran en sus análisis las numerosas teorías de conspiración, como por ejemplo chantajes al vaticano, donde estos caballeros templarios exigieron privilegios especiales a cambio de ocultar la descendencia de Jesús.

Existen pruebas físicas en la actualidad del poder económico que los templarios ostentaban en las catedrales góticas de los siglos 12 y 13, como por mencionar la iglesia del temple de Londres, misma que exhibe el sello templario, 2 caballeros montados en un solo caballo, sin embargo, existen pruebas históricas contundentes que aquella no era una simple iglesia, era más bien una tesorería, ya que el rey de Inglaterra vino a la iglesia del temple y se llevo 50 mil libras esterlinas en el año 1307, es un hecho que los templarios administraban eficaz y honradamente grandes recursos, mismos que les concedía el poder para prestar dinero por toda Europa a los nobles con apuros económicos, ya que el papa Inocencio les había concedido una gran inmunidad, los templarios podían prestar dinero y cobrar intereses, recordemos que en la edad media el hecho de prestar dinero con intereses era pecado, se le denominaba simonía, se cree hasta el día de hoy que los templarios implementaron la línea del cheque y la línea de crédito.

Los peregrinos Europeos que viajaban a tierra santa depositaban su dinero en una tesorería templaría y a cambio recibían un documento, mismo que amparaba la cantidad depositada, con este documento los peregrinos podían cobrar su dinero depositado en otra tesorería templaria en tierra santa, este documento o recibo equivalía al cheque de viajero de nuestra época, en sí era como una carta de crédito primitiva, era muy práctico pero costoso ya que la orden cobraba hasta un diez por ciento de interés por este servicio, sin embargo, los templarios observaban la pobreza pero no les afectaba en sus fundamentos, ya que cada caballero templario hacia voto de pobreza, cada uno de ellos no poseía dinero, pero la orden les facilitaba el dinero para poder obtener sus propios negocios.

Año 1200 D.C.

Para esta fecha se sabe que los caballeros templarios son una de las órdenes más ricas y poderosas de Europa, esta situación jamás les daría la más mínima sospecha de que la envidia y la ira les persiguen, y que un despiadado complot se pone en marcha en su contra.

Casi sin darse cuenta, los templarios están a punto de desaparecer, ya que las cruzadas por las que fueron creados, serán las mismas que destruirán a la orden, así mismo se les avecinan grandes problemas, ya que las cruzadas generaron grandes costos económicos y cobraron muchas vidas.

Es en la IV cruzada que pierden Acre, en esa época un nuevo caballero de la orden asume el Cargo de Gran Maestre, mismo que lleva por nombre Jaques de Molay.

Jaques de Molay
1234-1314

Capítulo 3

La Leyenda de San Andrés Apóstol Año 1325 México.

El códice Mendocino

Corría el año de 1325 cuando los antiguos mexicas llegaron al gran valle de México, después de haber peregrinado de tierra en tierra durante 200 largos años haciendo un recorrido de 816 km., hasta que por fin encontraron el lugar indicado por los dioses, ahí donde la Ciencia y Virtud estaría posada sobre un nopal, esa majestuosa águila devorando a la serpiente, el lugar estaba lleno de tulares y decidieron por fin escoger aquella encrucijada donde limpiaron la vegetación y trazaron la ciudad de tal manera que el plano trazado para dividir los espacios y terrenos a los comunales había quedado en forma de la "CRUZ DE SAN ANDRES", similar a la que los templarios aprendieron de los mozárabes, creando así la Cruz de las 8 beatitudes o bienaventuranzas.

Según la leyenda, cumplidos 130 años después del la creación del quinto Sol, los aztecas salieron de Chicomóstoc (lugar de las Siete Cuevas), de donde partieron junto a los xochimilca, los chalca, los cuitlahuaca, los de Tacuba, Coyohuacan, Azcapotzalco y Culhuacan. Más concretamente, Aztlan que significa el lugar de los cisnes, este último localizado posiblemente en el occidente de México, fué de donde partieron, uniéndose a las tribus anteriores en Culhuacan, lugar donde recibieron por Dios a Huitzilopochtli (Colibrí Hechicero), que tenía la valiosa habilidad de hablar para darles buenos consejos. Iniciaron su peregrinaje (en un año "Ce Técpatl") desde principios del siglo XII de la Era Cristiana, en busca de la Tierra prometida por su dios tutelar: una zona pantanosa en la cual estuviera un nopal sobre una roca y sobre él un águila devorando una serpiente.

Códice Mendocino

Llama mucho la atención que los Nativos de la época tomaran como referencia para tomar las medidas limítrofes del territorio, un símbolo que aparentemente en aquel año de 1325 no debería existir en el territorio ahora mexicano, algunos matemáticos de la época actual, tienen la idea que de esta manera distribuyeron el territorio para poder cobrar los impuestos a los habitantes que ocupaban esas tierra, habría que pensar bien como adquirieron esos amplios conocimientos en administración territorial.

Por medio de los sátrapas españoles que realizaron la conquista, se nos ha hecho creer, que los aztecas eran unos animales ignorantes y sobre todo, que para ellos en ese entonces el símbolo era desconocido, como lo es la **Cruz de San Andrés**, esta es una cruz en forma de aspa muy utilizada en heráldica* y en vexilología** Representa el martirio de San Andrés Apóstol, según una tradición muy antigua que cuenta que el apóstol fué crucificado en Patras, capital de la provincia de Acalla, en Grecia. Al mencionado Apóstol lo amarraron a una cruz en forma de X y allí estuvo padeciendo durante tres días, los cuales aprovechó para predicar e instruir en la religión a todos los que se le acercaban.

Dicha crucifixión es representación de humildad y sufrimiento y en heráldica simboliza caudillo invicto en combate.

Representación de la crucifixión de San Andrés Apóstol, iglesia del municipio de San Andrés Cholula Estado de puebla, México.

***heráldica** *s. f.* Parte de la historia que describe e interpreta los escudos de armas de cada linaje, persona o ciudad, así como el código de reglas que permite representarlos correctame

****vexilología** *f.* Disciplina que estudia las banderas, pendones y standartes.

La Bandera de Escocia.

La similitud entre la Bandera Escocesa y el Códice Mendocino.

Un símbolo muy similar encontramos en La Bandera de Escocia, también conocida como *Saltire* o como *Cruz de San Andrés*, dicho símbolo está compuesto por un aspa blanca sobre fondo azul (fig. 3).

El aspa blanca es el símbolo de San Andrés el Apóstol, patrono de Escocia.

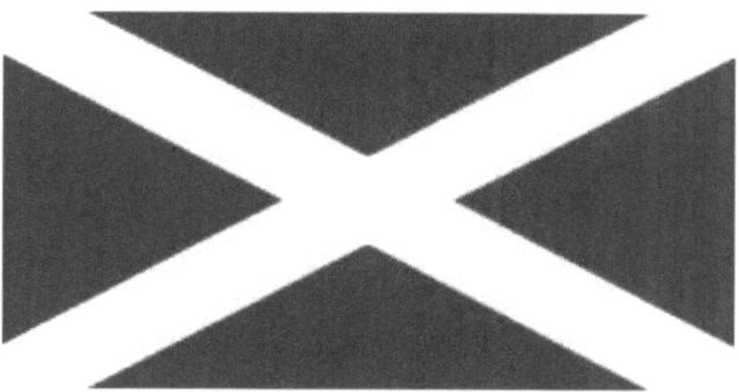

Bandera oficial de Escocia y la Similitud con el Códice de Mendoza.

Leyenda Escocesa de la Cruz de San Andrés Escocia año 832 d.c.

Según la leyenda, en el 832 de nuestra era, el rey Angus II de los Pictos dirigió a los escotos en su batalla contra los anglos, comandados por Aethelstan de East Anglia, cerca del actual municipio de Athelstaneford, en East Lothian. El rey Angus y sus hombres se vieron rodeados, y rezaron por sus vidas. Durante la noche, San Andrés se apareció al rey y le prometió la victoria. Por la mañana, ambos ejércitos vieron aparecer sobre el cielo azul una cruz blanca, representando la cruz sobre la que había sido martirizado San Andrés. Esta aparición dio coraje a los escoceses, mientras que los anglos se desmoralizaron y perdieron el combate.

Las evidencias históricas del uso de la Cruz de San Andrés como símbolo de Escocia son bastante posteriores a esta leyenda. En 1385, el Parlamento de Escocia decretó que los soldados escoceses debían llevar el *saltire* como una marca de distinción. La primera bandera escocesa conservada consistente únicamente en una cruz blanca data de 1503, aunque el fondo es rojo, no azul. Hacia 1540 la leyenda del rey Angus se había modificado, hasta su versión actual, incluyendo la visión de un aspa blanca en un cielo azul, por lo que a partir de ese momento ese fue el diseño de la bandera nacional de Escocia.

Desde 1606, y especialmente tras la definitiva unión de Inglaterra y Escocia por el Acta de Unión (1707), la bandera de Escocia fue incorporada a la bandera del Reino Unido, a la que más tarde, en 1801 se añadió la Cruz de San Patricio, para simbolizar al Reino Unido de Gran Bretaña e Irlanda.

William Wallace

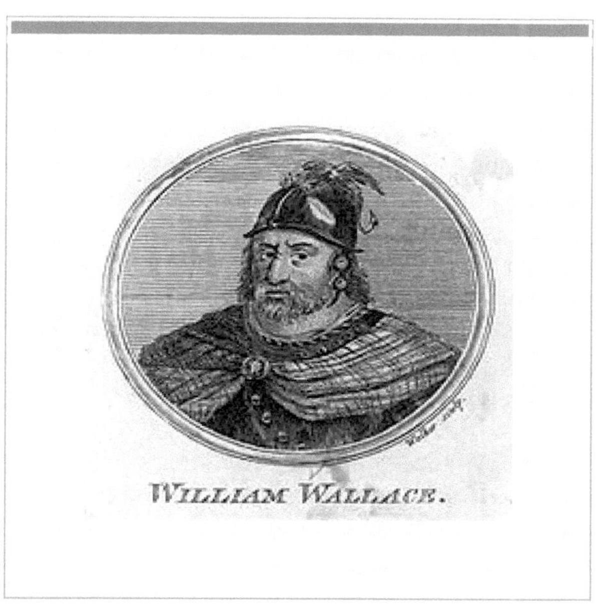

Retrato de William Wallace.

Cabe señalar que a esta importante historia de Escocia se deben mencionar importantes batallas que rodean las fechas de la fundación de la gran Tenochtitlán en el antiguo México relacionadas con Escocia (año 1325 d.c.), puesto que el códice mendocino muestra claramente la cruz de San Andrés, y como hemos leído con anterioridad, era la bandera utilizada por los Escoceses desde antes del año 832 D.C. por lo que se incorpora a este relato histórico al, Sir **William Wallace** (1270 - 23 de agosto de 1305) ya que fué un noble escocés que dirigió a su país contra la ocupación inglesa y contra el Rey Eduardo I de Inglaterra en las Guerras de independencia de Escocia.

Sir **William Wallace** fué un hombre de convicciones y principios que se valoran hasta el día de hoy. Era de origen humilde, en contraste con su compatriota, Robert the Bruce (Roberto I de Escocia), de extracción noble. La familia Wallace descendía de Richard Wallace (Richard el Galés), un terrateniente bajo un miembro temprano de la familia Stewart (que se convertiría más adelante en una línea real por derecho propio).

Las fuentes contemporáneas de información sobre la vida de Wallace son limitadas, y una cantidad significativa de lo que ha sido escrito acerca de él está basado en "El Ciego Harry", escrito alrededor de 1470, casi dos siglos después del nacimiento de Wallace, por lo que es una fuente problemática.

Probablemente Wallace nació alrededor de 1270, por lo que seguro era joven en sus años más importantes, entre 1297 y 1305. Existe alguna disputa acerca del lugar de nacimiento de Wallace. La creencia general es que fué Elderslie, cerca de Paisley, en Renfrewshire. Recientemente se ha proclamado que fué en Ellerslie, cerca de Kilmarnock, en Ayrshire. Es probable que estos dos nombres se confundieran en los documentos antiguos, ya que el deletreo no se estandarizó hasta épocas más recientes. En apoyo de Ellerslie, se ha argumentado que su padre provenía de Riccarton, Ayrshire, y su madre de Loudoun, Ayrshire. Además de esto, algunas de las primeras acciones de Wallace tuvieron lugar en Ayrshire. En apoyo de Elderslie, se ha argumentado que Ellerslie, una ex villa minera, es conocida tan solo desde el siglo XIX, al contrario que Elderslie, conocida mucho antes. Su primera acción fué en Lanark, que no está particularmente cerca de Elderslie ni de Ellerslie, y luego se trasladó a Ayrshire para unirse en la ciudad de Irvine a algunos nobles escoceses que luchaban contra los ingleses.

No hay fuentes contemporáneas de información sobre la vida temprana de Wallace. Parece seguro que era hijo de Sir Malcolm Wallace de Riccarton y de Margaret; tenía dos hermanos: Malcolm y John. Este último, muy amigo de Vincent Wilson de Lokcsteintawn; duque de la misma zona, quien ofreció refugio a Wallace en tiempos de rencillas.

Fue internado en una abadía en la que residía su tío paterno, por eso estaba bien educado para los patrones de la época, y hablaba francés, latín , gaélico e inglés. "El Ciego Harry" no menciona que hubiera salido del país ni que tuviera alguna experiencia militar antes de 1297. Un registro de agosto de 1296 hace referencia a 'un ladrón, un William le Waleys' en Perth, pero podría no ser él.

Se dice que fue un hombre realmente alto, medía aprox. 1.93 m a la edad de 20 años, por lo que no pasaba desapercibido entre la población escocesa

Batallas importante de Wallace

El 11 de septiembre de 1297, Wallace arrasó por completo al ejército inglés comandado por el Conde de Surrey en la Batalla de Stirling Bridge. El ejército inglés estaba formado por 300 Caballeros pesados y 10.000 hombres de infantería ligera. Cuando regresó de Stirling, Wallace fué nombrado "Guardián de Escocia". Posteriormente, mandó una tropa a conquistar York, la mayor ciudad del norte de Inglaterra.

El 1 de abril de 1298, las tropas inglesas, comandadas por el mismísimo Rey de Inglaterra Eduardo I el *Zanquilargo o Piernas Largas*, y las tropas escocesas se enfrentaron en Falkirk. Wallace tenía un arma secreta: los "Schiltroms", grupos de soldados con una lanza de 2 metros usados para detener la carga de la caballería. Los ingleses atacaron con la caballería primero, que fue efectivamente parada; pero tras ellos vinieron los temidos arqueros de Gales, de tiro largo, que devastaron a los escoceses.

Captura y ejecución de Wallace

Wallace eludió los intentos de captura ingleses hasta el 5 de agosto de 1305, cuando John Menteith (también llamado *False Menteith*) le entregó a los soldados ingleses de Roybroston en Glasgow.

Los ingleses mostraron con el rebelde escocés una crueldad exagerada incluso para la Edad Media ya que literalmente se cebaron y "remataron" a Wallace . Lo arrastraron con un caballo casi siete kilómetros desde Wemistminster a Smithfield, lo castraron, lo colgaron, lo destriparon y le cortaron la cabeza. (fuente: "Masones y templarios", Michael Baigent & Richard Leigh). Sus extremidades fueron repartidas por distintas partes de Inglaterra: su brazo derecho lo enviaron a Newcastle, su brazo izquierdo a Berwick, su pie derecho a Perth y su pie izquierdo a Aberdeen; su cabeza fue colgada en el Puente de Londres para avisar de lo que pasa a los que se rebelan. Como último detalle la frase: "puede que nos quiten la vida, pero jamás nos quitarán la libertad" es realmente de Wallace.

Monumento Nacional en Stirling Escocia, en el museo de William Wallace se encuentra una réplica de la espada, la cual mide más de metro y medio de longitud. Aunque algunas teorías sostienen que el corazón de Wallace fue quemado tras su ejecución, en Escocia hoy puede visitarse un relicario en el que estaría guardado el corazón de su héroe nacional. A estas batallas se le unió su compatriota, Robert the Bruce (Roberto I de Escocia), pero averigüemos sobre Rober de Bruce.

Roberto I de Escocia

Noble escocés, era hijo de Roberto VII Bruce (tataranieto del rey David I) y de Marjorie, Condesa de Carrick, hija de Niall, Conde de Carrick. Por lo tanto Bruce heredó de su madre el Condado de Carrick, y por medio de su padre un linaje real que le daría derecho al trono de Escocia. Aunque su fecha de nacimiento es conocida, el lugar de su nacimiento es menos cierto y se sostienen diversas teorías.

Muy poco se sabe de su juventud. Pudo haber sido enviado a educarse con una familia local, como era la costumbre. Podemos presumir que Bruce aprendió todos los idiomas de su linaje y de la nación y es casi seguro que dominaba el Francés Gálico y Normando, y el latín. Aunque no hay pruebas directas, es muy probable que también supiera inglés. La primera referencia escrita sobre él en la historia se encuentra en una lista de testigos de una carta emitida por Alasdair MacDomhnaill, Señor de Islay. Su nombre aparece en compañía del Obispo de Argyll, el vicario de Arran, un empleado de Kintyre, su padre y una serie de notarios de Carrick gálico.

En 1292, la Corona de Escocia fué cedida a su pariente lejano, Juan de Baliol. Bruce lo consideró injusto. A su juicio, se impidió que la rama de su familia tomara el lugar que les correspondía en el trono de Escocia. Poco después, su abuelo, Roberto Bruce, V Señor de Annandale, cedió su señorío a Roberto VII Bruce, el padre de Bruce. Roberto VII ya había cedido el Condado de Carrick a Roberto Bruce, su hijo, el día de la muerte de su esposa en 1292, con lo que Roberto Bruce, Señor de Carrick, y su padre se unieron a la causa de Eduardo I de Inglaterra contra Baliol.

En 1295, Robert se casó con su primera esposa, Isabella de la Mar, hija de Domhnall I, Conde de Mar y de su esposa Helen.

Inicio de la Guerra de Independencia

En agosto de 1296, Bruce y su padre juraron lealtad a Eduardo I de Inglaterra en Berwick-upon-Tweed, pero el joven Roberto se sumaría a la rebelión escocesa contra el Rey Eduardo al año siguiente. Ese mismo año su esposa Isabella de la Mar, murió tras dar a luz a su hija, Marjorie Bruce.

Cuando William Wallace renunció como Guardián de Escocia después de la batalla de Falkirk, fué sucedido por Roberto Bruce y John Comyn, pero no pudieron superar sus diferencias personales del pasado, ya que este último era sobrino de Juan de Baliol. En 1299, William Lamberton, Obispo de St Andrews, fué nombrado tercer guardián, neutral, para tratar de mantener el orden entre Bruce y Comyn. Al año siguiente, Bruce dimitió como Guardián, y fue sustituido por Sir Gilbert I Señor de Umfraville.

En mayo de 1301, Gilbert de Umfraville, Comyn y Lamberton también dimitieron como guardianes y fueron sustituidos por Sir John de Soules como único Guardian. Soules fué nombrado en gran medida porque no era partidario de Bruce ni de Comyn.

En julio, el rey Eduardo I inició su sexta campaña en Escocia, aunque infringió poco daño a los escoceses. En enero de 1302 se acordó a una tregua de nueve meses.

Hubo rumores de que Juan de Baliol volvería a recuperar el trono de Escocia. Soules apoyó su regreso como Rey, al igual que la mayoría de los demás nobles, pero si esto se producía llevaría a Bruce a perder toda posibilidad de ganar el trono.

En 1302 Bruce se casó en segundas nupcias con Isabel de Burgh, hija de Richard de Burgh, Segundo Conde de Ulster.

Mientras una serie de tratados se llevaban a cabo entre Inglaterra y Escocia, William Wallace fue finalmente capturado cerca de Glasgow y ejecutado el 23 de agosto de 1305.

Coronación como Rey de Escocia

La ambición de Bruce al trono podía verse frustrada en favor de John Comyn. Comyn había sido mucho más firme en su oposición a Inglaterra, era el más poderoso noble de Escocia y se relacionó con los nobles más poderosos de ambos países. También podía apelar a otros argumentos para reclamar el trono de Escocia, como su ascendencia celta de la antigua monarquía y el hecho de ser el sobrino de John Balliol. Para neutralizar esta amenaza, Bruce le invitó a una reunión en virtud de una tregua en Dumfries el 10 de febrero de 1306.

Bruce atacó a Comyn ante el altar mayor de la iglesia del monasterio Greyfriars y huyó. Al ser informado de que Comyn había sobrevivido a su ataque, dos de los seguidores de Bruce, Roger de Kirkpatrick y John Lindsay, fueron de nuevo a la iglesia y mataron a Comyn. Bruce fué excomulgado por este crimen, que condujo finalmente a la excomunión de los Barones que le habían apoyado y, a continuación, a la excomunión de todo el país. Al darse cuenta de que la "suerte estaba echada", y que no tenía más alternativas que convertirse en el Rey o en un fugitivo, Bruce afirmó su reclamación a la corona escocesa. Fué coronado como Roberto I en Scone, cerca de Perth, el 25 de marzo, por Isabella MacDuff, condesa de Buchan. Aunque ya era Rey, Bruce todavía no tenía un Reino, y sus esfuerzos para obtenerlo no tuvieron éxito hasta después de la muerte del rey Eduardo I.

De Scone a Bannockburn

En junio de 1306 Bruce fué derrotado en la Batalla de Methven y, en agosto, fué sorprendido en Strathfillan, donde se había refugiado. Las damas de su familia fueron enviadas a Kildrummy en enero de 1307. Bruce, casi sin seguidores, huyó a la isla de Rathlin frente a la costa septentrional de Irlanda. Las fuerzas del rey Eduardo I marcharon de nuevo al norte en la primavera. Bruce fue capturado en un santuario en Tain, mientras que su hermano Niall fué ejecutado. Pero, el 7 de julio, el rey Eduardo I murió, dejando a su débil hijo Eduardo II de Inglaterra en el trono. Bruce y sus seguidores escoceses regresaron a la península, en febrero, en dos grupos. Uno, dirigido por él mismo y por su hermano Edward, inició una guerra de guerrillas en el suroeste de Escocia. El otro, dirigido por los hermanos Alexander y Thomas, aterrizó un poco más al sur en Loch Ryan, pero éstos pronto fueron capturados y ejecutados. En abril Bruce obtuvo una pequeña victoria sobre los Ingleses en la Batalla de Glen Trool, antes de derrotar a Aymer de Valence II conde de Pembroke en la Batalla de Loudoun Hill.

En marzo de 1309, Robert celebró su primer Parlamento en St Andrews, y al año siguiente, el clero de Escocia reconoció a Bruce como Rey en un consejo general. El apoyo que le dio la Iglesia a pesar de su excomunión tenía gran importancia política. En la primavera de 1314, el hermano de Bruce sitió el castillo de Stirling.

Con la batalla de Bannockburn, Bruce garantizó la independencia escocesa.

Liberada de las amenazas inglesas, Escocia envió ejércitos para invadir el norte de Inglaterra y lanzó incursiones en Lancashire y Yorkshire.

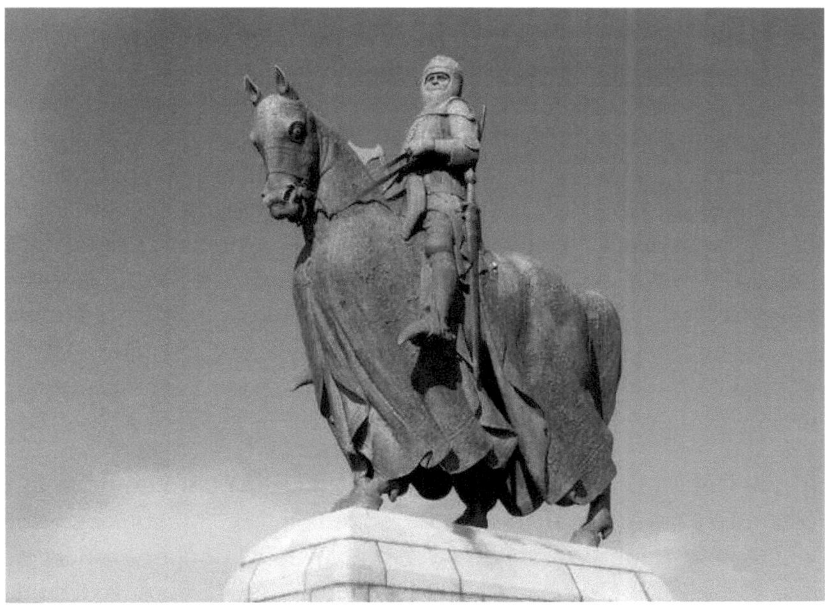

Estatua ecuestre en bronce de Robert de Bruce en el centro de la ciudad de Bannockburn

Muerte de Robert Bruce.

Robert el Bruce murió el 7 de junio de 1329 4 años despues de la fundación de la Gran Tenochtitlán en el antiguo México, en Cardross. Se cree que había sufrido durante algunos años la lepra, al igual que lo había hecho su padre, de forma hereditaria, pero esto ha sido cuestionado, planteándose como alternativas que hubieran padecido realmente sífilis o psoriasis. Tras su muerte, sus compañeros de armas encabezados por sir James Douglas quisieron cumplir el sueño de Robert de participar en la cruzada en Tierra Santa junto con los Caballeros Templarios que lo habían apoyado en las batallas. Los caballeros escoceses se dirigieron a España llevando su corazón embalsamado. En la batalla de Teba de Ardales en la que participaron, Douglas lanzó el corazón de Robert Bruce entre los enemigos musulmanes tras lo cual el escuadrón escocés cargó contra ellos. Tras la batalla el corazón fué recuperado y llevado a Escocia para ser enterrado en la abadía de Melrose.

El rey Robert Bruce es considerado como una figura de respeto y gran relevancia para algunas obediencias Masónicas que vinculan al origen de la francmasonería con la supervivencia de los Caballeros Templarios en la actualidad. En la excelente investigación realizada por Michael Baigent & Richard Leigh en su Libro "Masones y Templarios y sus vínculos ocultos", mencionan muy claramente que el 6 de octubre del año 1309, dos años después de los arrestos del Venerable Maestro Jackes de Molay de algunos Caballeros que lo escoltaban, el Rey Eduardo dio la orden de que arrestaran a todos los templarios que estuvieran en aquel país Escoses, lamentablemente Eduardo no se encontraba en posición de exigir dicha detención ni de cumplir decreto alguno, puesto que Escocia estaba a manos de Robert

Bruce, adicionado a esto Robert había sido declarado soberano por derecho de Sangre bajo el consentimiento de su pueblo llamándolo así mismo Rey de Escocia, aunque crónicas medievales tanto escocesas como inglesas afirman que 432 templarios participaron con el rey Roberto I en la batalla de Bannockburn. Lo curioso es como llegaron a esta batalla los caballeros del temple estando tan lejos de su territorio, adentrémonos un poco más en la historia de estos legendarios Caballeros Templarios y entendamos que motivo a estos guerreros y cuál fue la causa que los movió a trasladarse a Escocia.

Caballeros Templarios después de ganar la batalla de Bannockburn.

Capítulo 4

LA CAIDA DE LOS CABALLEROS DEL TEMPLE

Viernes 13 de octubre de 1312.

Uno de los reyes que depositó su tesoro en manos de los templarios era el rey **Felipe IV "El Hermoso"** de Francia. Con el tiempo acabó debiéndole a la orden y queriendo recuperar su fortuna y ambicionando también la demás riqueza de los templarios organizó un proceso inquisitorio en su contra apoyado por su maquiavélico canciller **Guillermo de Nogaret**; juntos planearon la caída del temple en 1309 tal vez también sintiéndose amenazados por el poder militar de la orden. Fué el papa **Clemente V** el que consintió que los templarios fueran acusados de Herejes y encerrarlos para posteriores torturas que confirmaran las acusaciones. Como es bien sabido, en muchos procesos inquisitorios o en la mayoría se acostumbraba torturar a los acusados hasta que dijeran la verdad, y después de esto se les torturaba más para purificar con dolor su alma. Las acusaciones principales eran la sodomía y adoración de ídolos, por mencionar a algunos, Baphomet o Bafumet (mohamet o traducción en el código advage como sophia), ya que se decía que durante algunos ritos de iniciación en rituales secretos de algún tipo de gnosis o magia, se daba el beso en sus partes genitales, así como el hecho de escupir u orinar en la cruz. Las demás acusaciones eran menores. Bajo el poder de poderosas torturas los inquisidores obtuvieron las respuestas que querían, es decir que los templarios confesaban bajo las formas de tortura más sanguinarias y terribles, y con estas torturas sostenían que las acusaciones eran ciertas. El papa **Clemente V** suprimió la orden en 1312, y después con el dictamen del concilio de viena en el año 1314.

Fué así como en 1307 los templarios franceses fueron arrestados, incluido el gran maestre francés **Jaques de Moley** (Jacobo de Molay), quien 8 años después, en la hoguera, frente a la catedral de Nôtre-Dame, se arrepintió de todas las acusaciones que se había visto obligado a admitir por fuerza de las duras torturas a las que fué sometido e invitó a sus acusadores y enemigos al "juicio del cielo" en el plazo de un año, e increíblemente **Felipe IV, Guillermo de Nogaret y el papa Clemente V** murieron en dicho plazo de causas naturales. Así como Jaques de Moley, muchos otros caballeros se arrepintieron y negaron las confesiones que se habían visto obligados a proferir, sin embargo de nada serviría para salvar a la orden, el daño estaba hecho y fueron quemados en la hoguera, se dice que solo 13 pudieron escapar de Francia de los oficiales de Felipe IV, sin embargo los 13 que lograron escaparse se las ingeniaron para correr la voz como reguero de pólvora a todas las guarniciones templarías distribuidas en toda Europa, por lo que lograron reunir el vasto y ansiado tesoro que tanto ambiciono Felipe IV, mismo que lograron rescatar de las manos ambiciosas de aquellos que dieron captura y muerte a Gran Mestre Jaques de Molay y a los Caballeros del temple bajo su mando, los que lograron escapar, huyeron a Escocia via marítima donde las manos de Felipe IV no podían alcanzarlos, y estos fueron recibidos por Robert Bruce, al cual le apoyaron en la gran batalla de Bannockburn como se relato en el capítulo anterior..

Capítulo 5

Los Templarios y su flota perdida izan la Jolly Roger.

Como bien se señala en el capitulo anterior, los templarios fueron dispersos por la Europa medieval siendo perseguidos todos sus miembros, sin embargo, toda la orden del temple, era respetada como los guerreros más valientes de toda Europa, los templarios fueron bien aceptados en todos los lugares a donde pedían refugio, mismo que solo era reservado a hombres de talla heroica, muchos de ellos se unieron a la orden teutónica, y continuaron en la lucha contra los tártaros y mongoles del este de Europa, otros más combatieron en ungría contra los turcos que pretendían expandirse, algunos otros partieron a Portugal, siendo la gran mayoría los que se refugiaron en Escocia, y esto fueron muy bien recibidos por Robert de Bruce.

Embarcación con bandera Jolly Roger

Los navegantes templarios y sus flotas perdidas

La orden del Templo contaba con una vasta red marítima, por lo cual se concluye que eran herederos de las cartas de navegación fenicia, Michael Baigent y Richard Leigh describen en su libro “Masones y Templarios”, que estos contaban con una gran flota a su disposición, la misma se encontraba en los puertos de Italia y Francia del mar mediterráneo,

Existe evidencia que los Templarios navegaban y realizaban sus operaciones marítimas en el mar Mediterráneo, incluían en su logística introduciendo al oriente medias materias primas, así como hombres y mercancías a tierra santa.

Sin embargo aquel fatídico viernes 13 de octubre de 1307, Felipe IV (El hermoso) dió la orden de la detención de los templarios, y todas las embarcaciones fondeadas en la rochelle fue avisada con oportunidad, zarpando inmediatamente y escapando así de la aprensión del monarca, dando con esto la desaparición total de dicha flota marítima llevándose consigo aquel ambicionado tesoro.

De acuerdo a Michael Bradley quien destaca en su libro “Holy Grail the Atlantic”, tuvo varias repercusiones el exterminio y dispersión de los templarios en Europa de aquella época, ya que la piratería se fortaleció y recrudeció su actividad.

Algunos investigadores como Baigent y Leigh coninciden con Bradley, en el argumento relativo a la dirección que tomaron las embarcaciones Templarías, refiriéndose que estas se desplazaron hacia el norte, hacia el mar de Irlanda siendo su destino final, los fiordos occidentales de Escocia, evitando con esto la costa irlandesa, en virtud de que los puertos de esta se encontraban controlados por fuerzas leales al vaticano.

Los templarios desembarcaron en distintos puntos al norte de Glasgow, los alrededores de Oban, allí encontraron diversas tumbas templarías, estas eran identificadas ya que estas portaban el ya conocido símbolo de la calavera y las tibias cruzadas, símbolo que lleva el nombre de Jolly Roger , se dice que la flota templaría que se encontraba relegada en esa época estaba controlada por la familia St. Clair (Sinclair) de Rosslyn, en esa época también la guerra naval entre el vaticano y los Caballeros templarios estaba a punto de dar inicio.

La historia cuenta que la flota se dividió en dos; estableciéndose una parte en las islas orcadas, preparándose para los ambiciosos viajes de Sinclair a Norteamérica; la otra flota realizaría el izaje de la jolly Roger y con la finalidad de navegar por el Atlántico y el mediterráneo, el objetivo era el ataque directo a las embarcaciones asociadas con el vaticano y con los reyes que apoyaban a la Iglesia Católica Romana.

Según la historia, se dice que en 1492, cuando la inquisición se instalo en el nuevo mundo, los piratas templarios extendieron sus ataques al Caribe y, finalmente, también a los puertos marítimos del pacífico de Perú y México, utilizando el nombre de una guerra naval que se venía librando desde hacía 200 años atrás.

Un halo de misterio bañaba a estos primeros piratas, ya que esta era un arma clandestina de la cual no se tenía conocimiento ni mucho menos se sabía de su existencia, era una flota que había llegado al Nuevo Mundo un siglo antes que los Españoles, alrededor de 1313 d.c., y su bandera se convirtió en un valioso símbolo tanto de los templarios, Piratas y actualmente en nuestra época moderna de los Masones: la calavera con la tibias cruzadas, hoy en día conocida mundialmente como la Jolly Roger, mismo emblema usado por los masones en sus mandiles y porta estandartes en el interior de sus Logias Masónicas.

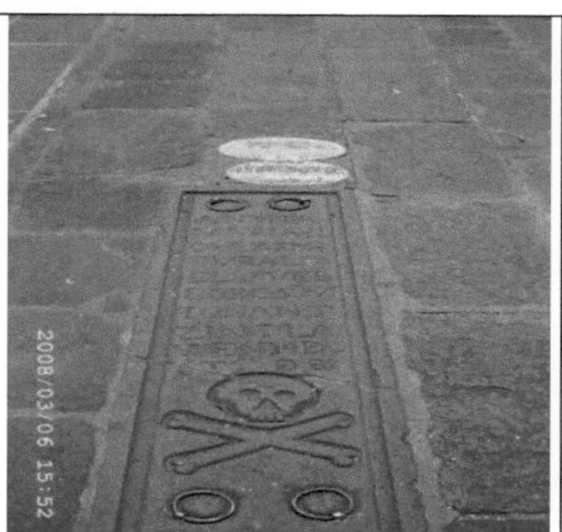 **Tumba con símbolo Jolly Roger Patio principal Iglesia de Santa María Tonantzintla Puebla.**	 **Tumba con símbolo Jolly Roger, Rosslyn Escocia.**
 Calabera con aparente pañueleta en el craneo y accesorios en las orejas similar a los usados por los antiguos piratas a un costado las osamentas. Banqueta jeroglifíca en Uxmal Q.R.	 **La Jolly Roger**

 **Masones portando la banda y mandil con el simbolo Jolly Roger**	 **Logia Masonica con el simbolo Jolly roger en el estandarte.**

Capítulo 6.

Jolly Roger y su Reinado

Históricamente se sabe que fué la flota del rey Roger de Palermo quien enarbolo la bandera de la Calavera y las tibias cruzadas, el rey Roger de Palermo, también fué conocido como Roger de Sicilia o Jolly Roger, El rey Roger era Caballero Templario normando, este a su vez, había conquistado Sicilia en la época del reino de Jerusalén.

Dado que, por la persecución de las Flotas armadas que le eran Leales a la Iglesia católica y romana, la flota del rey Roger de Palermo no podía continuar ondeando la bandera original templaría, la cruz roja sobre fondo blanco, por lo que comenzaron a utilizar la nueva bandera de guerra de esta armada, la cual estaba prácticamente derrotada, por otro lado algunas otras embarcaciones templarías se aliaron a las flotas marítimas portuguesas navegando estos con un pabellón portugués, se cuenta que el resto de las embarcaciones solían navegar bajo las ordenes de capitanes ingleses o francés, izando una bandera negra con una calavera y dos tibias cruzadas (la Jolly Roger).

Se le concede el nombre de Jolly Roger a la bandera en honor a Roger II de Sicilia (1095-1154) se cree que Roger estuvo vinculado con la orden Templaría durante las cruzadas hasta el punto de conquistar Apulia y Salerno en el año 1127 d.c., muy a pesar de la oposición papal de Inocencio II. Cuenta la Leyenda que la corte de Roger estaba llena de bailarinas, músicos y artistas, y se le conocía por el sobre nombre de Jolly Roger. En esa época era bien conocido por todos que Roger estaba enemistado con el Papa, especialmente la información era bien conocida por los marineros comerciantes de su época.

A Roger II no le importó la situación de enemistad con el Papa Inocencio II, Roger continuó con sus conquistas normandas, en Sicilia y el sur de Italia, continuo con Apulia y Salerno (1127), muy a pesar de la oposición de Inocencio, en 1130 Inocencio II terminó cediendo las tierras que Roger ya poseía. Roger II aprovecho para crear una fuerte Administración central haciéndose famoso por la brillante corte de Palermo, convertida esta en el centro de las artes, las letras, y la ciencia, en todos los sentidos el renacimiento se fraguo en la Corte de Jolly Roger en Palermo.

En aquella época el reino cristiano en Jerusalén había sido creado por los templarios, y controlado por ellos mismos y su rey, fué Balduino I hermano de Godofredo de Bouillon el primer monarca de Jerusalén, a quien le había acompañado en la primer cruzada, Fue así mismo Godofredo de Bouillon (1058-1100) duque de Baja Lorena, quien había dirigido la primer cruzada, misma que dió origen a los caballeros de san Juan y a los caballeros hospitalarios, mucho tiempo después pasaron a ser Caballeros de Malta, Goofredo de Bouillon fué elegido rey de Jerusalén según la historia en el año 1100, época en la que todos los puertos importantes de palestina fueron tomados por los caballeros templarios y hospitalarios. Balduino II o Balduino du Bourg quien fuera su primo sucesor, enfrento una dura batalla contra los turcos al norte de siria y anexiono la ciudad de tiro y Antioquia al reino de Jerusalén; se históricamente se sabe que también pacto con los hashashins, razón por la cual los caballeros eran diestros y certeros con la espada.

.

La escuela de Navegación de Roger II

Roger II creó en esa época una escuela de navegación en la ciudad Sicilia (ver el capitulo 1 Árabes y musulmanes marinos), como bien se menciono antes, Roger contaba con un Geógrafo árabe de nombre Ibn Idrisi, ambos también elaboraron un importante tratado de navegación llamado Al Rajari, se cuenta que Roger era aficionado a la poesía Islámica y hebrea de temas amorosos, sentía una gran atracción por las mujeres hermosas que se ajustaban a la descripción de los poemas escritos por el mismo.

Roger II a través de sus geógrafos árabes que pertenecían a su corte, empezó a reunir una gran cantidad de mapas que los musulmanes habían extraído de la biblioteca de Alejandría, en Egipto.

Los misteriosos mapas originales eran extraordinariamente precisos, algunos mapas como el del Hadji Ahmed así como el mapa de Piri Reis, contaban con una precisión exacta que cualquier otro mapa de navegación existente en esa época, se sabe que el mapa llamado Hadji Ahmed, lo dibujo un cartógrafo árabe vagamente conocido que trabajaba en damasco, este mapa está fechado en el año de 1159.

Es posible que Roger II en su época haya sido el continuador de las travesías marítimas y realizara las primeras visitas al continente americano, con las flotas comandadas por los caballeros del templo, es posible también que dichos viajes hayan sido constantes al grado de iniciar una nueva cultura en el nuevo continente, formando así extraordinarias organizaciones culturales entre los pobladores indígenas, trasmitiendo en ellos todas las antiguas enseñanzas de los Mozárabes, legado por demás indiscutiblemente, plasmado en la cultura Americana y Mesoamericana, desde América del Norte hasta la Patagonia, por alguna e inexplicable razón los conquistadores españoles, fueron certeros en su llegada, sabían dónde y cómo llegar a las principales ciudades más poderosas económica y políticamente, mismas que tenían el control de ciertos dominios territoriales.

Roger II de Sicilia.

Bajo relieve de una deidad (sin cabeza) encontrada en el templo mayor Cd. De México Tenochtitlán, aparentemente un guerrero azteca en posición de flor de loto, se pueden descubrir claramente cinco cruses templarías

Constructores de la Gran Tenochtitlán en 1325

Cuando las tropas conquistadoras llegaron a la gran ciudad, una de las cosas que más les llamo la atención a los sicilianos, griegos, portugueses y españoles que venían a las órdenes de Hernán Cortes en 1519, fue la forma como fueron recibidos pacíficamente y agasajados por todo el camino, pero lo que más les sorprendió aun y los dejo estupefactos cuando llegaron a la poderosa y popular urbe Azteca, fueron los caminos, por que como bien lo expresa Bernal Díaz del Castillo en la página 289 de su libro "Historia Verdadera de la Conquista de la Nueva España".

-"...Subiendo a aquel puerto, donde había dos caminos muy anchos, uno iba a un pueblo que se dice llamar chalco, y el otro a Tamanalco, aquel camino estaba muy barrido y limpio y llevaba a la Tenochtitlán, que cuenta con 30,000,000, admiraron Ixtapalapa, cruzaron sus jardines, huertos, chinampas, puentes elevados, y edificios, algunos palacios, que hacen exclamar a Bernal:- "...Aquella calzada tan derecha y tan nivelada, iba a Tenochtitlán, nos quedamos admirados y decíamos que parecían a las cosas de encantamiento que cuentan en el libro de "Amadis de Guala" (escrito por el genial italiano Bernardo de Tasso), por las grandes torres y edificios que tenían dentro en el agua, y todos de calicanto y aun algunos de nuestros soldados decían, que pareciera que todo lo que veían era como entre sueños..."

Tal parece que Bernal Díaz del Castillo hace referencia a 30,000,000 de habitantes puesto que los españoles se sorprendieron a la vez de la gran administración de la población que existía en la Gran Tenochtitlán, ya que esta era muy similar a las grandes ciudades europeas en aquella época de la conquista.

Por otro lado Hernán Cortes en su Carta de Relación Pag. 4 describe, "...Entré por una calzada que va por medio de esta a la laguna dos leguas, hasta llegar a la gran ciudad de Tenochtitlán, que está fundada en medio de dicha laguna; la calzada es tan ancha como dos lanzas (cada lanza medía 4 metros de longitud) y muy obrada, que pueden ir por toda ella ocho caballos a la par..." .

Después de los comentarios de Admiración escritos por Bernal, Cortes y sus hombres, no se puede evitar citar todo el torrente de calumnias, cataratas de mentiras, vertidas sistemáticamente desde la Conquista de los españoles en 1519 y respaldada por el Fatídico Clero Eclesiástico Católico Romano para sepultar la verdad y hacer verdad la difamación, fueron cubriendo con capas cada vez más espesas y, cada vez, así mismo mas petrificadas y extendidas, hasta yuxtaponerse en estratificaciones muy solidas y al parecer irrompibles, hasta hacer casi imposible que lo cierto resurgiese y que vestigios de la esplendida cultura de los antiguos Aztlanes, pudiera descubrirse.

Tras arrasar Cholula, Cortés puso sus miras en la capital imperial, Tenochtitlán, donde fue recibido por Moctezuma. Cortés se aventuró en la empresa de conquistar el Imperio Azteca. "Tenochtitlán era, supuso el conquistador, igual de grande que Córdoba o Sevilla y veían en los aztecas a un pueblo similar a los moros. Quizá por ello creció la idea de que este era un imperio eficaz y, por tanto, una adquisición muy deseable para España, explica David Abulafia en "*El descubrimiento de la humanidad* (Crítica)". Según recuerda este autor, Cortés insistió en someter a los aztecas para gloria del "más grande de todos los imperios", el de Carlos V.

Todas las conquistas, diríase, son barbarás, cierto; pero la que padecieron nuestros ancestros fué, además, implacable. Los negros del Sudán que invadieron y conquistaron Egipto, respetaron sus pirámides y no arrasaron sus hipogeos, los vándalos que irrumpieron y se adueñaron de Roma, saquearon pero no destruyeron la civilización Romana hasta no dejar piedra sobre piedra, mas a los nuestros, cuya exquisita sensibilidad no pudieron comprender, y en cuya cultura no repararon sus mentes a estudiar a profundidad, lejos de solo destruirles acabaron con las clases dirigentes selectas y las vilipendiaron hasta hacer creer que los creadores de los primeros jardines botánicos y zoológicos del Mesoamérica; que los excelsos astrónomos muy superiores a los europeos, eran salvajes y que los eximios matemáticos que orientaban sus pirámides, sus templos y ciudades al paso del sol por el cenit, o bien teniendo en cuenta el numero de grados de conformidad con la latitud del lugar, eran nigrománticos, ya que ellos, es decir, los europeos quemaban a los suyos bajo la excusa de la "SANTA INQUISICION DIVINA" al señalarlos brujos(as). ¿Pudo el Calendario Juliano equipararse siquiera desventajosamente al calendario azteca; puede acaso la exactitud superarle el actual calendario Gregoriano impuesto por un Satanizador Papa del Clero Católico, cuando el Azteca apenas contaba un error de dos días cada diez mil años?

Dioses Olímpicos eran nuestros sabios aztecas ya que como bien lo explica el maestro Lic. Alfonso Rivas Salomón, que estos contabilizaban el tiempo realmente por olimpiadas, es decir por periodos de 4 años, siendo este calendario azteca el único calendario venusino similar a calendario griego que fue arrebatado por los romanos al ser conquistados por estos últimos, imponiéndoles a los griegos el calendario romano, de idéntica forma como lo hicieron los españoles al imponernos el disparate del calendario gregoriano.

Por eso fué castigado nuestro pueblo azteca, por la ignorancia de los encomendados por la Gracia de la Divinidad del Dios Católico del antiguo continente, por desconocer las revoluciones sinódicas del conteo astral del planeta venus y estos en la actualidad se siguen preguntando si tenían razón los antiguos aztecas y a pesar de ello los antiguos indígenas, los constructores de la gran

Tenochtitlán hasta el día de hoy, continúan siendo catalogados como "BESTIAS INFERIORES", porque hay que tener bien presente y jamás olvidarlo que seguimos sometidos bajo el "YUGO DEL CLERO CATOLICO" hasta nuestros días.

Es inevitable cerrarnos a una posible realidad, los conquistadores, quedaron maravillados de tan imponente obra arquitectónica como lo fue la gran Tenochtitlán, esta por demás querer ocultar que más allá de unos simples indígenas ignorantes, los verdaderos constructores de la gran Tenochtitlán, y otras ciudades mayas, poseían un conocimiento tan amplio en las artes y ciencias matemáticas, astronomía, artes de la guerra, agricultura, navegación marítima, mecánica, arquitectura, construcción, música, escritura, herrería, ciencias similares a las que poseían y enseñaban los Mozárabes en sus monasterios, y que a la vez fueron transmitidas a través de los siglos a los Caballeros Templarios.

Quizá los conquistadores, venían siguiendo los pasos de los templarios, quizá el verdadero interés, más allá de una simple conquista, era el codiciado tesoro que ambiciono Felipe el Hermoso, mismo que motivó aquel fatídico viernes 13 de octubre de 1307, e incita mas a tomar deducciones debido a las acciones ejercidas en la ciudad de la gran Tenochtitlán por parte de los Españoles, para ser específicos, no dejaron piedra sobre piedra, destruyeron toda la gran ciudad, dando la impresión que no querían dejar ningún rastro de los verdaderos constructores de Tenochtitlán, parece que era la intención de erradicar toda evidencia e inscripciones del tipo árabe, celtica y sobre todo templaria.

Otro dato curioso es la fecha de la fundación de la gran Tenochtitlán, esta fue el 18 de julio de 1325 (18/07/1325), haciendo la sumatoria en numeración cabalística.

1+8+7+1+3+2+5=27, siendo que 2+7= 9, recordemos que en capítulos anteriores se dio una breve explicación del significado del numero 9 el cual su significado es la “Fundación”.

¿Fundación de la Gran Tenochtitlán? lo extraordinario aquí es que también existen muchas coincidencias o casualidades numéricas, ya que desde el año de 1312 en que fue disuelta la orden del temple en Europa, y el año 1325 de la fundación de la Gran Tenochtitlán, trascurrieron 13 años, así también 13 fueron los templarios que lograron escapar de las garras de la captura ordenada por Felipe el Hermoso, aquel fatídico viernes 13, también el 13 aparece en las trecenas, como su nombre lo indica; una trecena es un periodo de 13 días usado en los calendarios mesoamericanos precolombinos, que dividen el calendario ceremonial de 260 días en 20 trecenas. Un ejemplo de esto es el tonalpohualli azteca.

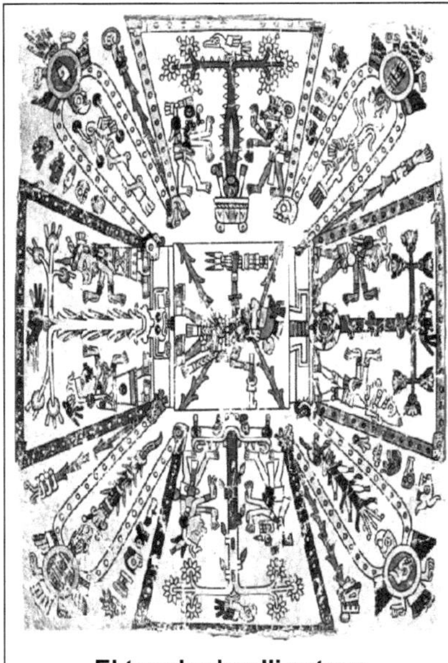

El tonalpohualli azteca

A pesar de ser atribuida sobre todo a los aztecas, la trecena también fue usada en otros calendarios como el de los mayas, zapotecos, mixtecos, olmecas y otros pueblos mesoamericanos, existen algunos códices mesoamericanos supervivientes como el Borbónico; según los conquistadores españoles, estos eran los calendarios adivinatorios basados en un conteo de un año de 260 días en los que cada página representa una trecena y una terminación en el numero 13 y por último la ultima coincidencia los “13 Baktunes Mayas”.

Así mismo también, no se descarta la posibilidad de que las culturas árabes influenciaron en las magnificas construcciones de la ciudad de palenque, donde se puede observar claramente las edificaciones con esta arquitectura del medio oriente, la cruz de San Andrés en la fajilla de pakal, y el rostro con rasgos árabes en la lapida del ya conocido astronauta, lapida que ha recorrido el mundo como un tema de visitantes de otro mundo a la tierra.

El tema está ahí estimado lector, y no pido que acepte estos breves datos como una verdad, ya que nadie tiene una verdad absoluta, queda en usted hacer una profunda reflexión, análisis e investigación de la supuesta verdadera historia impuesta por los conquistadores españoles en nuestro continente muy especialmente nuestro México y averiguar si realmente, ¿Fue Cristóbal Colon el primero en llegar a América?

Al parecer Tenochtitlán es y seguirá siendo un gran misterio sin resolver, sin embargo las evidencias simbólicas sugieren que alguien sabe un poco sobre este misterio, y es una misteriosa orden internacional con sus propios secretos.

Y si en realidad el hecho de que la conquista española fuera un proyecto ambicioso para tratar de recuperar el tesoro de los caballeros templarios a sabiendas de que estaba escondido en América, no lo encontraron.

Así mismo hay quienes afirman que este inmenso tesoro está esperando a ser desenterrado, los escépticos opinan que la suerte no existe, así mismo, muchos otros sugieren que dicho tesoro esta resguardado por templarios modernos, ya que estos jamás dejaron de existir, solo pasaron a la clandestinidad amparados con otro nombre, algunos afirman que han perdurado durante siglos en una hermandad tan poderosa como su secreto y las pistas de su identidad están escondidas a la vista de todos en las Logias Masónicas del Rito Escocés Antiguo y Aceptado en toda la simbología de los masones, ya que es esta una de las hermandades más antiguas del planeta y dichos símbolos están plasmados en las liturgias, mandiles, herramientas, templos, rituales, etc. y son básicamente los mismos que en la antigüedad los caballeros Templarios utilizaron como medios de identificación y comunicación; y muy por encima de eso, se presenta también el arte cultural, aquel que asignan a los masones con grados de compañeros, a estos se les inculca el arte de la lectura de altas ciencias, como la matemática, música, retorica, astronomía, geografía, historia, geometría, química, biología, aritmética, etc., así como en la antigüedad los mozárabes también lo hicieran con los compañeros templarios de esa época, es por esa razón que los masones gozan de tanto prestigio intelectual, disciplina y liderazgo; aunque ahora no son temidos guerreros como en las antiguas cruzadas, luchan incansablemente por la "Libertad, Igualdad y Fraternidad" y contra la "Hipocresía, el Fanatismo y la Ambición".

Sin embargo estimado lector, no queda más que continuar con la ardua tarea de continuar con la investigación y seguir aportando más datos de tan interesante y codiciada aventura.

Por último, basta decir que Los enemigos de los Caballeros Templarios hoy masones y que ahora ya sabemos que es la "Hipocresía, el Fanatismo y la Ambición", seguirán insistiendo con sus mentiras ya que la guerra iniciada hace 8 siglos por Felipe el Hermoso y el Papa Clemente V contra los templarios aun no ha terminado, la lucha continua y la búsqueda del tesoro templario también!

La flor de lis.

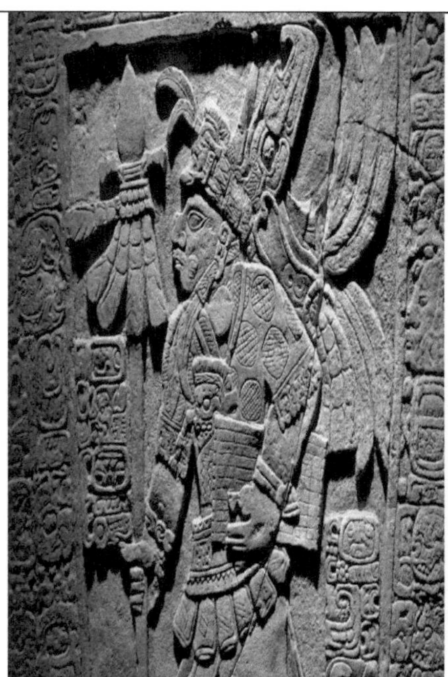

Un personaje de la cultura Maya, portando un báculo o lanza, con una flor de lis en la punta.

El primer registro de la palabra *lis*, plural de *lil*, del latín *lilium*, data de alrededor de 1150. La expresión flor de lis aparece en su acepción heráldica en 1225. Víctor Gay afirma que ya se había empleado en una ordenanza de Luis VII (1137-1180)

La figurilla sostiene en su mano un símbolo similar al El Triskel, símbolo Celta	Vasija Maya con símbolo Triskel Celta.

Bibliografía

- R.FROCHOSO SANCHEZ, A.MEDINA GOMEZ, I.TAWFIQ IBN HAFIZ: "Datos inéditos de las primeras monedas árabes acuñadas en Toledo después de su ocupación por Alfonso VI" en Numisma, 235 (1994) pp. 41-45.

- JOSÉ MARÍA DE FRANCISO OLMOS: "El nacimiento de la moneda en Castilla: de la moneda prestada a la moneda propia" en I Jornadas Científica sobre Documentación jurídico-administrativa, económico-financiera y judicial del reino castellano-leonés, siglos X-XIII, Madrid, 2002, págs 303-346.

- LEÓN HERNÁNDEZ-CANUT FERNÁNDEZ-ESPAÑA: "El primer retrato regio en la moneda castellana". XIII Congreso Internacional de Numismática, Madrid, 2003: actas.

- ANTONIO ROMA VALDÉS: "Emisiones monetarias leonesas y castellanas de la Edad Media. Organización, economía, tipos y fuentes". Madrid, 2010.

- MOZO MONROY, Manuel, y GARCÍA MONTES, Francisco Javier, "Aporte histórico y documental sobre el dinero de busto godo de Alfonso VI, rey de León y Castilla", Gaceta Numismática, 180, (Barcelona, marzo 2011), pp. 67-82

- MOZO MONROY, Manuel y GARCÍA MONTES, Francisco Javier, "Primeras labras de vellón acuñadas en Toledo (ss. XI-XII). Propuesta de interpretación iconográfica", Parva Urbs, 0, (Toledo, 18 de febrero, 2009), pp. 16-18.

-GENERAL RUBEN GARCIA, "entre la verdad Mexicatl y el embuste español"

-BERNAL DIAZ DEL CARTILLO, "Historia Verdadera de la Conquista de la Nueva España".

-FERNANDO BENITEZ, "La ruta de Hernán Cortes"

-CONSEJO EDITORIAL DEL GOBIERNO DEL ESTADO DE TABASCO, RECOPILACION, EDICION Y PROLOGO MANUEL GONZALEZ CALZADA, " De cómo vieron y contaron los cronistas de indias el descubrimiento y conquista de Tabasco".

-ALBERT HOURANI, "La historia de los Árabes.

-J.M. UPTOM-WARD, "El código templario"

-RAFAEL ALARCON, " A la sombra de los templarios"

-MICHAEL BAIGENT & RICHART LEIGH, "Masones y Templarios sus vínculos ocultos"

-DAVID HATCHER CHILDRESS, "El secreto de Cristobal Colon"

- EDUARDO R.CALLAEY, "Imperio cristiano de la Orden del Temple a la Francmasonería"

-DON FRANCISCO DEL PASO Y TRONCOSO ", Códice Mendocino, documento mexicano del siglo XVI que se conserva en la biblioteca bodleiana de Oxford Inglaterra. Edición acompañada de una introducción de la copia literal escrupulosamente cotejada de texto explicativo de anotaciones y comentarios" paginas de la 8 a la 10.

Los constructores de la Gran Tenochtitlán

Fernando Martínez Maciel.

En esta fantástica e increíble obra, viajaremos al paso, a la época de las legendarias historias y leyendas de los guerreros más poderosos de la historia.

Los Caballeros Templarios, una orden creada, según los historiadores, para proteger a los peregrinos cristianos que viajaban a la antigua Jerusalén, profundizaremos bastamente desde su creación, administración de sus tesoros, sus batallas, su captura, tortura y muerte del Gran Maestre Jakes de Molay, así como la huida a Escocia de todo el Gremio Templario sobreviviente y su posible viaje al continente americano.

Sabremos de las evidencias encontradas en la ciudad que construyeron en México, en esta obra incluimos la evidencia arqueológica y la posibilidad de descubrir la ubicación de su tesoro codiciado por muchos y finalmente descubriremos quienes son en la actualidad estos tan valientes hombres que han heredado su ciencia, su virtud, sus tradiciones, conocimientos, rituales y poder.

Adentrémonos pues en tan fantástica historia, que seguro estoy, quedaran al borde de la silla, por tan increíble que esta parezca esta investigación.

Printed by Books on Demand GmbH, Norderstedt / Germany